先輩に学ぶ

2歳児クラス編 乳児保育の困りごと解決BOOK

監修：横山洋子　著：波多野名奈

中央法規

監 修 の こ と ば

　これまで、0歳児と身近な物を使って遊ぶ方法を考えたり、0・1・2歳児の発達をうながす手づくりおもちゃを開発したりしながら、乳児保育の楽しさ、おもしろさを感じました。そして、天使のような子どもたちに囲まれて、担任は幸せだろうなあと、うらやましさを覚えていました。

　ところが、初めて0・1・2歳児を担当する若い保育者のお悩みが多いことにびっくり！　どんな仕事でも、はじめからうまくいくことはありません。失敗しながら学び、経験を積んで技術を身に付け、保育名人になっていくのでしょう。

　本書は、お互いの困りごとを共有しながら、先輩からのアドバイスから学ぶスタイルで作られています。波多野さんも現場経験のある保育者ですから、それらのアドバイスをまとめながら、先輩として大切なことを教えてくださいます。

　本書を読むことで、困った局面を先輩たちがどのように乗り越えてきたかがわかり、その方法も1つではないことが伝わるでしょう。つまり、本の中で親身になってくれる100人以上の先輩方と出会えるわけです。

　みなさんが本書から、困りごとを解決するヒントを見つけ、子どもとの暮らしがより楽しくなることを、心から願っております。

横山洋子

はじめに

　初めて2歳児クラスを担当することが決まった瞬間、嬉しさと期待で胸がいっぱいになり、ちょっと遅れて、「私にできるかな」と、緊張と不安が襲ってくるという経験が、きっと皆さんにはあるでしょう。2歳の子どもと遊んだこともないし、イヤイヤにどう対応したらいいのかもわからないという人もいれば、我が子の子育ての経験はあるけれど、自分のやり方で正しいのか自信がないという人もいるかもしれません。

　本書は、そんな皆さんの不安や心配に全力で応えようという思いで作りました。乳児クラスを担当して1,2年の保育士さんにお集りいただき、不安や心配事を自由に語ってもらいました。また、アンケートでもたくさんお悩みを寄せていただきました。それに対して乳児保育の経験を積んだ先輩方からアドバイスを頂戴し、さらに問題解決のヒントになるポイントをまとめました。きっと、日々の保育の中で感じている「もやもや」を解消する手助けになるはずです。

本書に込めた思いは、もう一つあります。それは、「悩んだり不安に思ったりしているのは、あなただけではない」ということです。「そうそう、あるある！」「その気持ち、わかるなあ」と同じ思いを共有することで、全国の保育者が励まし合い、勇気づけられるような本を目指しました。保育に正解はありません。先輩のアドバイスを読んでも、自園の環境や保育理念の違いによって、取り入れられないこともあるでしょう。それでも、同じように皆悩みながら努力しているのだと感じることで、「私ももう少しやってみよう！」と力が出るのです。

　座談会、アンケートに協力してくださった皆様には、この場を借りて深く感謝申し上げます。皆様の率直で勇気ある発言なくして、この本は生まれませんでした。現場で日々、悩みながらも試行錯誤を続け、前向きに保育の喜びを語ってくださった皆様の顔が、執筆の励みになりました。

　現在２歳児クラスを担当している方、そして、これから担当される方たちの手元で、本書がお役に立つことを心から願っております。

波多野名奈

目次

監修のことば …………………………………… 1
はじめに ………………………………………… 2
本書の構成 ……………………………………… 8

序章　２歳児の発達と保育者の援助

２歳〜３歳後半の発達のめやす ……………… 10
２歳児クラスにおける保育者の援助 ………… 12

第1章　登園・降園

園に入りたがらない …………………………… 16
登園時、険悪な雰囲気の親子 ………………… 18
お帰りの準備がスムーズに進まない ………… 20
解説 イヤイヤ期・登園のコツ ……………… 22
　　　 イヤイヤ期・降園のコツ ……………… 23
　　　 気持ちよく送り迎えするための言葉かけ …… 24

第2章　生活のケア

排泄

トイレに行こうとしない ……………………… 26
トイレトレーニングが週末で台無し！ ……… 28
おもらしをした子どもへの声のかけ方 ……… 30
解説 排泄における発達と援助 ……………… 32
　　　 排泄の環境のポイント ………………… 34
　　　 トイレトレーニングのコツ …………… 35

食事

食事に集中しない ………………………………………… 36
食べるのが遅すぎる ……………………………………… 38
かむ力が弱い子どもがいます …………………………… 40
箸への移行が進まない …………………………………… 42
解説 食事における発達と援助 ………………………… 44
　　　食事の環境のポイント ………………………… 46
　　　スプーンの持ち方の援助のコツ ……………… 47

睡眠

寝つきも目覚めも、気に入らない ……………………… 48
午睡の時間に遊びたがる ………………………………… 50
解説 睡眠における発達と援助 ………………………… 52
　　　睡眠の環境のポイント ………………………… 53
　　　生活のリズムを整える ………………………… 54

着脱

「着せて〜」と言って自分でやらない ………………… 56
２歳児のこだわりへの対応 ……………………………… 58
時間がかかっても、自分でやるとゆずらない ………… 60
解説 着脱における発達と援助 ………………………… 62
　　　着脱の環境のポイント ………………………… 63

散歩

散歩の途中で歩かない …………………………………… 64
散歩に出かけると必ずふざける ………………………… 66
解説 散歩における発達と援助 ………………………… 68
　　　楽しい散歩にする工夫 ………………………… 70
　　　散歩から帰ってきたら ………………………… 71

清潔

鼻のかみかたをどう教える？ …………………………… 72
持ち物がいつも汚れている？ …………………………… 74
解説 清潔における発達と援助 ………………………… 76
　　　清潔の環境のポイント ………………………… 78

第3章 コミュニケーション

- けんかがはじまった！ …………………………………… 80
- 友達とかかわろうとしない ……………………………… 82
- 子どもが指示を聞かない ………………………………… 84
- おもちゃの貸し借りが上手にできません ……………… 86
- 話しかけても目を合わせない …………………………… 88
- **解説** コミュニケーションにおける発達と援助 ……… 90
- 子ども同士のやりとりを仲立ちする …………… 92

第4章 遊び

- 力まかせにパンチやキックをする ……………………… 94
- 遊びの準備が、ゆううつです …………………………… 96
- 外遊びは、安全確保ばかり気になる …………………… 98
- 絵本の読み聞かせがうまくできない …………………… 100
- 遊びのレパートリーが増やせない ……………………… 102
- 遊んだらお片づけ、を学んでほしい …………………… 104
- 保育者としか遊ばない子ども …………………………… 106
- **解説** 遊びにおける発達と援助 ………………………… 108
- イメージや指先の巧緻性を育む室内環境 ……… 110
- 運動機能を高める戸外遊び ……………………… 112
- ２歳児クラスの絵本の読み聞かせ ……………… 114

第5章 季節と行事

- 春は、すべてが落ち着かない …………………………… 116
- 梅雨の時期、運動不足が心配 …………………………… 118
- 水遊び、バシャバシャするだけでいい？ ……………… 120
- 行事がこれでよいか不安 ………………………………… 122
- まとめの時期に悩む ……………………………………… 124
- **解説** ２歳児クラスの季節の製作遊び ………………… 126
- 季節の製作アイデア ……………………………… 127

第6章 保護者との連携

- 言いづらいことの伝え方が難しい ……………………………………… **130**
- 外国籍の保護者とコミュニケーションがとれない ……………… **132**
- これって、虐待かもしれない ……………………………………………… **134**
- 解説 保護者対応の基本 …………………………………………………… **136**

第7章 職場で

- 事務仕事が多くて終わらない …………………………………………… **138**
- 厳しい先輩にびくびくする ………………………………………………… **140**
- 後輩保育者に指導しても直らない …………………………………… **142**
- 解説 連絡帳の書き方 ……………………………………………………… **144**
    - 日誌・個人記録の書き方 ……………………………………… **145**
    - 上司・先輩とのコミュニケーションのコツ ……………… **146**

第8章 健康・安全

- かみつきを防げない ………………………………………………………… **148**
- 園で発熱したのに、お迎えが来ない ………………………………… **150**
- 避難訓練に時間がかかる ………………………………………………… **152**
- 解説 2歳児クラスの災害対策 ………………………………………… **154**
    - 2歳児クラスの防災教育 ……………………………………… **155**
    - かみつきが起きたときの対応 ……………………………… **156**
    - かみつきを防ぐために ………………………………………… **157**

2歳児クラスを担当してよかった ………………………………………… **158**

本書の構成

初めて2歳児クラスの担任になった保育者が困ったり、悩んだりする「保育現場の困りごと」をとりあげ、経験豊富な先輩保育者たちの実体験をもとにしたアドバイスを掲載しました。各章末や節ごとにある解説ページでは保育の基本として押さえておきたい内容を掲載しています。

先輩のアドバイス
困りごとの解決につながるような先輩保育者たちの実体験、実践例を紹介しています。

NGな対応
保育現場でしてはいけない注意点を掲載しています。

Point
困りごとが起きる理由や適切な援助方法についてわかりやすく解説しています。

ある!! ある!!
ほかの保育者たちと悩みごとを共有できます。

月齢別の発達と援助
月齢ごとの発達の様子と援助方法がわかります。

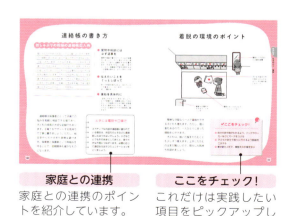

家庭との連携
家庭との連携のポイントを紹介しています。

ここをチェック!
これだけは実践したい項目をピックアップしています。

序章
2歳児の発達と保育者の援助

2歳〜3歳後半の発達のめやす

2歳 →　　　　　　　　　**2歳6か月 →**

身体

- 子ども同士で、手をつないで歩くことに慣れる
- できる運動が増える
- 手指の巧緻性が高まる
- ブロックやパズルを組み合わせて遊ぶ
- 両足でジャンプする
- 勢いよく走り、ぴたっと止まることができる
- リズムに合わせて体を動かすことを楽しむ
- 指先の力が強くなり、紙や粘土を変形させて遊ぶ
- 散歩ではこれまでより長い距離を一定のペースで歩く

コミュニケーション

- 並行遊びがさかんになる
- 自分のもの、自分の場所へのこだわりが出る
- 保育者に「みて」と言い、見守られながら遊ぶ
- おもちゃの取り合いなど他児とのトラブルが多くなる
- 順番や交代の概念を理解する
- 大人が仲立ちとなり、簡単なごっこ遊びを楽しむ
- 自分から挨拶をする
- 仲のよい友達のそばで遊ぶようになる

生活

- 上着やパンツを一人で脱ぐ
- 「チッチ」「トイレ」などと言葉で排泄を知らせる
- 遊びに夢中で漏らしてしまうことがある
- スプーンの鉛筆持ちが上手になる
- 午睡をしない子どももいる
- 身支度を自分でしようとする

3歳 →

- 三輪車のペダルをこぐ
- ボールを頭上から投げる

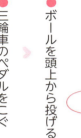

- 順番を意識して遊んだり、友達に譲ったりができるようになる
- 大人の手伝いをしたがる
- 「なぜ」「どうして」と聞くことが増える

- 活動の区切りで自分から排泄に行く
- 食事のマナーを理解して食べる
- 箸を使い始める
- 排泄後の始末が自分でできる

3歳6か月 →

- 「ケンケンで前へ進む」など、2つの動作を同時に行う
- 「頭足人」を描く
- 紙を持ってはさみを使う
- イメージして絵を描く

- 簡単な遊びのルールを理解する
- 「ぼく」「わたし」の一人称が出てくる
- 役割を分担してごっこ遊びをする
- 自分の気持ちを抑え、我慢をするようになる
- 同性と遊ぶことが増える

- 会話を楽しみながら食事をする
- 自分で身だしなみを整える
- ぶくぶくうがいができる
- 自分で気づいて鼻をかむ

※それぞれの発達には個人差があります。

2歳児クラスにおける保育者の援助

🌱 一人の人間として認める保育を

　0、1歳代で身近な大人にしっかり受け止められてきた2歳児は、自分自身を価値ある存在として肯定するようになります。そして、誇らしく胸を張って「大きくなった自分」を世界にアピールしようとするのです。

　「赤ちゃん扱い」は、保育者ももう卒業です。手ごわいイヤイヤ、友だちとのトラブルでは、「あなたはいやと言うけれど、私はこう思う」「あなたが痛い思いをしたら私は悲しい」と、一人の人間として保育者にも考えや感情があると丁寧に伝えましょう。それが、一人の人間としての子どもを認める、ということでもあるのです。

　これは、大人の都合を押しつけて言うことをきかせるのではありません。また、子どもも常に言葉で納得できるわけではありません。しかし「よい方法を一緒に考えよう」と対等の立場で対話することを大切にすれば、子どもは自分自身をより尊重されたと感じられるでしょう。そして、解決策は子どものほうから知らせてくることが実に多いのです。

🌱 甘えと自立のはざまで

　できることも増え、もう赤ちゃんじゃない！という誇りで胸をはる2歳児ですが、まだまだ思う通りにはいきません。頭の中では「できるはず」と思ったことが、現実には難しいと知ると、かんしゃくを起こしたり、気持ちが崩れたりということもよくあります。保育者は、「できた」という実感を大切にするとともに、できるようにと焦らせない援助をしていきましょう。

　「できなくても、失敗しても大丈夫」と繰り返し伝えることは、「どんなあなたも大好きだよ」というメッセージになります。ときには「やって」に応えつつ、自立と甘えの間で行ったり来たりする子どもを、まるごと受け入れましょう。

🌱 ぶつかり合いを通して他者の気づきへ

　自己主張をぶつけ合い、かみつきやひっかきも頻発する2歳児クラス。しかし、ぶつかり合いのときこそ、成長のチャンスです。おもちゃを取り合っているからこそ「○ちゃんも欲しいっていう気持ちがあるんだ」と気づき、手をつないでもらえないからこそ「○ちゃんは自分と同じように手をつなぎたいとは思っていないんだ」と知ることができるのです。必ずしも世の中は自分の思い通りにはならない、ということを、子どもは友達関係の中で少しずつ学びます。そして、自分が心地よくいるためには、友達もまた、心地よくいられるのが必要なのだと知るのです。

憧れが育む心と体

　「自分」を意識し始めた2歳児は、自分よりも小さい存在には手を差し伸べようとし、大きい存在には憧れをもってその姿を模倣しようとします。保育者の言うことはきかなくてもお兄さん・お姉さんに誘われたら素直に動いたり、遊びや行動をまねしたりすることが増えるでしょう。

　自分もああなりたい、と思う気持ちが、発達の原動力となるのです。保育者は異年齢のかかわりを意識的に増やし、子どもの中の憧れやまねしてみたいという思いを実現する手助けをしましょう。それが、子どもの一歩進んだ姿につながるのです。

イメージの共有と広がり

　1歳代では目に見えた行動を再現しているだけですが、2歳後半には見立て遊びも発展します。お医者さん、患者さんと役割を分担してイメージを共有したり、「これは、お金ね」と共通理解をもってごっこ遊びを展開したり……。友達とイメージを共有して、一緒にその世界を楽しめるようになります。

　2歳児クラスでは、イメージの世界をふくらませ、広げる援助を心がけたいものです。保育者も積極的にごっこ遊びの役割を演じたり、イメージを刺激する道具や衣装を準備したりしましょう。

第 1 章

登園・降園

園に入りたがらない

園の入り口の扉につかまって、絶対に入らないぞ！と毎朝、抵抗するNくん。力も強くなり、ちょっとやそっとでは引き離せません。赤ちゃんのときは、抱っこで登園だったから、楽だったなと思います……。

ある!! ある!!

🐻 別の部屋に逃げます

友達を見つけると素直に入りますが、担任が引き受けようとすると別の部屋に逃げてしまいます。

🐻 泣いて暴れます

毎朝「お母さんがいい！」と泣いて暴れます。おもちゃで気をそらそうとしても、全く効果がありません。

🐻 甘えんぼうになります

兄弟ができたせいか、保育室に入っても母親から離れようとしません。私が一人で複数の子どもを見ているので、十分にその甘えを受け止められなくて心苦しいです。

先輩からのアドバイス

☑ 丁寧に、言葉で伝える
2歳児は、理由が理解できれば納得するので、夕方にはちゃんと迎えにくることを、目を見て丁寧に伝えています。同時に、母親と離れたくない気持ちも代弁し、「自分の気持ちをわかってもらえた」と実感できることを大切にしています。

☑ 時計つきぬいぐるみ
ぬいぐるみにお迎えの時間を示した時計を貼りつけました。この時間になればお迎えに来る、と目で見て理解することで、気持ちが安定したようです。

☑ いってらっしゃい、の儀式を
毎朝、お別れのときに保護者とハイタッチやハグなどのスキンシップをしています。ぐずっていても、触れ合うことで落ち着くことができます。夕方、保育者とサヨナラするときにもするようにしています。

> **「力ずくで引き離す」はNG ✕**
>
> 登園時のイヤイヤは、保護者の目もあるので神経質になりがちですが、これも立派な成長の証ととらえ、力ずくで引き離すのはやめます。

Point　見通しがつき、理屈で納得できる2歳児

　0、1歳児のようにほとんどの子どもが泣いて登園することはなくなりますが、イヤ！となると手強いもの。気をそらしたりなだめたり、というその場しのぎは効果がありません。それも、知恵がついてきた立派な証。保護者にも理解をうながしながら、子どもが納得できるよう丁寧にかかわります。

　いってらっしゃいの儀式は、見通しがつく2歳児だからこそ効果があります。ただし、どの子どもにも同じ儀式ではなく、その子どもと保護者の気持ちが通じる特別なやりとりが日課になるよう、さりげなく援助しましょう。

登園時、険悪な雰囲気の親子

朝ごはんを食べなかったり、洋服が気に入らないと泣くAちゃんは、毎朝のように叱られながら登園してきます。イヤイヤ期もひとつの成長なので大切にしてほしいのですが、朝の忙しい時間の大変さもわかるので、保護者への伝え方が難しいです。

ある!!ある!!

🐻 家からおもちゃを持ってくる

お気に入りのおもちゃを預かろうとすると激しく抵抗し、叱っても手放さないので、保護者はあきらめている様子です。持ってこないでとその都度伝えてはいるのですが…。

🐻 保護者の機嫌が悪い

朝はいつも険しい表情の保護者。「早くしなさい！」「どうしてできないの！」など、言葉もきつく、子どももこわばった表情。気持ちよく「行ってらっしゃい」をしたいです。

🐻 マイペースで準備が遅い

出かける準備に時間がかかり、早く預けたいという保護者に叱られています。マイペースなのも一つの個性なので、なるべく受け止めたいのですが、なかなか保護者には伝わりません。

先輩からのアドバイス

☑ とにかく、ほめる！
もう赤ちゃんじゃないぞ、というプライドが出てくるころなので、子どもの小さなことでも見つけてはほめるようにしています。

☑ 明るく迎える
ネガティブな気持ちに保護者が巻き込まれてしまうと、子どもにも影響します。険悪な様子で登園してきても、「今日もパパと元気に来られたね！」と笑顔で迎えましょう。

☑ 保護者をねぎらう
「大変な時期ですよね」と、ひと言声をかけ、「何かありましたか」と尋ねます。話を聞いてもらうだけでも、イヤイヤ期で困っている保護者の気持ちが軽くなります。

「イヤイヤ期だから仕方ない」はNG❌

子どもには必ず、その子なりの理由があって「イヤ！」と言っています。イヤイヤ期だからとひとくくりにせず「イヤ」の理由を丁寧に探りましょう。

Point 保育者の笑顔で、一日の始まりを明るく

　親子で険悪な雰囲気で登園して来ると、「どうしよう……」と、こちらも動揺しますが、笑顔で明るく朝のあいさつをしましょう。

　泣いている子どもには「Ａちゃん、涙が出ちゃったね。何があったか、先生に後でお話してね」と抱き寄せながら、「大丈夫です！　行ってらっしゃい」と笑顔で保護者を送り出し、お迎えのときに、朝の子どもの気持ちを伝えます。夕方には保護者も落ち着いて、「朝は子どもに厳しかったな」と冷静に振り返る余裕もあるはずです。保育者の言葉も素直に入るでしょう。

お帰りの準備がスムーズに進まない

保護者がお迎えにきたのに、友達と遊ぶのが楽しくて、なかなか帰る準備をしません。待っている保護者のためにも早く準備をさせたいのですが、「お迎えがきたよ〜。帰る準備しようか」と声をかけても、知らんぷりです。

ある!! ある!!

🐻 とりあえず、なんでもイヤ！

保護者がお迎えにきたのに、「イヤ！」と言ってその場から動かず、帰ろうとしません。

🐻 かみつき、ひっかきが頻発

夕方のバタバタしている時間、大人の目が行き届かなくて、毎日のようにかみつきが起こります。気づいたときには、もう友達にかみついている状態で手遅れです。

🐻 保護者が「お片づけしてから帰る」にこだわります

「お友達がまだ遊ぶからいいですよ」と言うのですが、保護者が譲りません。

先輩からのアドバイス

☑ 誰かのママがお迎えに来たよ…
あえて誰の母親かは言わず、「誰の？」と子どもが見に行きたくなるよう声をかけます。「お迎えにきたよ」と言われて帰りの支度をさせられることには抵抗する子どもも、自分から動くようになります。

☑ 園庭で、お迎えを待つ
天気がよくて日が高い季節は、園庭で遊びながらお迎えを待ちます。靴をはき、上着も着た姿のまま戸外で遊ぶので、保護者に会ったらすぐ、うれしい気持ちのまま帰ることができます。荷物の準備も全部済ませておくとスムーズですよ！

☑ 気持ちの区切りをサポート
子どもの集中を妨げないように、まずは観察。区切りのよい所で、「かっこいいのできたね。パパお迎えに来てるから見てもらおう」と声をかけ、自然に気持ちを切り替えられるようにサポートします。

「遊びはもうおしまい」はNG❌

お迎えに向けて、子どもの心の準備を整えないまま、大人の都合で遊びを切り上げるのはやめましょう。

Point　その子にとっての、時間の流れを大切に

　子どもにとっては、せっかく楽しく取り組んでいる遊びを大人の都合で中断させられるわけですから、「イヤ！」という気持ちになるのも当然です。保育者は、「今、ブロックのタワーづくりに夢中で」などと保護者に伝えながら、子どもが自分で遊びを終えるのを待ちましょう。ただし、放っておくだけではずるずると遊びが続いてしまいます。ここが区切りかな、というタイミングで声をかけましょう。やりかけの遊びに気持ちが残っている場合は、「明日までとっておくね」とするのも有効です。

イヤイヤ期・登園のコツ

● しゃがんでハグ！

保育者が立ったままだと、子どもとの間に距離感が生まれてしまいます。2歳児になると、もう抱っこで受け入れはしませんが、しゃがんで目線を合わせ、両手を広げて迎えましょう。子どもが自分で保育者の腕の中に入ってくるのを待ちます。

● 保育室の中に自然と足を踏み入れられるように

子どもが保護者から離れられなくてぐずぐずしている場合は、自分の作品を保護者に見せるように促します。「ママと離れたくないな」から、「ママにあれを見せたい」という気持ちに自然に移る援助を心がけましょう。

● かっこいいところを、見せる

「お荷物の整理、一人でできるんだよね〜」と子どもに声をかけ、かっこよく自立した姿を保護者に見せます。それからハイタッチで、「行ってきます！」

● お別れのルーチンをする

子どもが離れた隙に、保護者がぱっとその場を去るのはNG。いついなくなるかわからない不安で、子どものイヤイヤも長引きます。きちんと正面から向き合い、お別れのルーチンをしてからバイバイができるよう、保育者が援助しましょう。

イヤイヤ期・降園のコツ

● **遊びの切れ目で声をかける**

お迎えが来たのに遊びつづけている場合は、子どもの遊びをよく観察し、区切りのついたところで声をかけます。長引きそうな遊びに集中している場合は、「お迎えだから、積み木をあと3個積んだらおしまいにしようか」などと声をかけ、子ども自身が区切りをつけられるように援助しましょう。

● **子どもに発見させる**

保護者の姿が見えたら、さりげなく子どもの注意を戸口に誘導。「あっ！　ママだ！」と、子どもが自分で気づけるようにします。保育者に「お迎えだよ」と言われるより、自分で「お迎えだ！」と発見したほうが、スムーズに気持ちが切り替わります。

● **「とっておくね」**

3歳にもなると、自分が心をこめてつくってきた作品を片づけたり、壊されたりすることに抵抗を感じ始めます。作品に愛着が残るようなら、「明日までとっておくよ」と伝え、名札などで視覚的にもわかるようにしてください。「明日また遊べる」と思うと、納得して降園するようになります。

気持ちよく送り迎えするための言葉かけ

- **かっこいい靴だね！**
新しい服、新しい靴を履いてきた子どもにこの言葉で声をかけると、誇らしい気持ちが膨らみます。ただし、保護者の服装や髪型へのコメントは、あまり頻度が高いと悪印象を与えるので注意します。

- **元気になってよかったね！ Bちゃんがお休みで、さみしかったよ**
病気で休み明けの子どもにひと言伝えます。お休みが続き、登園にも少し抵抗を感じる子どもも、保育者が自分を待っていたと思うと不安が和らぎます。

- **最近、お疲れではありませんか**
表情の暗い保護者に、ひと言。保育者からの言葉がきっかけで、「実は……」と悩みを相談するかもしれません。

- **昨日はひどい雨でしたけど、帰りは大丈夫でしたか？**
天気の話題は、コミュニケーションの潤滑油。誰でも気持ちよく会話できる便利な話題です。積極的に利用しましょう。

- **今日は、面白いもの持ってきたよ**
「後で見せてあげるね」と、子どもの期待をふくらませます。

- **明日も元気に来てね！ 待ってるよ！**
降園時にひと言声をかけます。楽しい明日を予感させるような明るい言葉で送りましょう。

- **お母さんも、無理しないでくださいね**
「お迎えが遅れる場合は、お電話いただければ大丈夫ですから」と、仕事がたてこんでいる保護者に、ひと言伝えましょう。子どもだけでなく、保護者もサポートしますよというメッセージを込めます。

第 2 章

生活のケア

排泄

トイレに行こうとしない

トイレに行くことを、頑なに拒む子どもがいます。トイレの入り口までは来ますが、中に入ろうとすると無言で抵抗します。保護者は、家でもトイレを怖がると言っていました。

🐻 健康診断もダメ
トイレだけでなく、健康診断も「イヤ！」と言って受けてくれません。なるべく連れて行こうとするのですが、泣いて拒否されると気が引けます。なぜなのかがわからず、途方に暮れます。

🐻 隠れてする
大便のときだけ、トイレで排泄ができません。あれ、いないな？と思ったら、カーテンに隠れ、おむつの中にうんちをしていました。

🐻 まだ出ないと言う
遊びに夢中になりがちなので、前もってトイレに誘うと「まだ出ない」と言うので、「出たくなったら教えてね」と言って待っていると、目を離したときにおもらししてしまいます。

先輩からのアドバイス

☑ なぜイヤなのかを探る

便器がひやっとするのがイヤ、トイレの照明がイヤ、健康診断で裸になったりトイレでズボンを脱いだりするのがイヤなど、イヤのポイントは子どもそれぞれ。トイレ以外の場面でも丁寧に観察し、その子どものイヤの理由を探ります。

☑ 1対1で

それまでは4、5人一緒にトイレに連れて行っていたのですが、トイレをいやがる子どもは1対1でかかわるようにしました。少し時間はかかりましたが、素直にトイレに行くようになりました。安心感を得られたのだと思います。

☑ 好きなキャラクターの力を借りる

トイレは楽しい場所というイメージをもってほしいので、トイレの壁面に、一時的にキャラクターの切り抜きを貼りました。「トイレにいるから会いに行こう」と声をかけると、喜んで行くようになりました。

☑ 排尿の間隔を把握する

「出ない」と言い、トイレに行こうとしない子どもは、遊びに夢中で行きたくないか、まだ尿意を感じていないかの2通りの理由があります。前者の場合は、遊びの区切りをよく見て声をかけます。後者の場合は、何時間おきに出るのか個別に記録し、もうそろそろかな、というときに声をかけます。尿意に意識を向けるようにします。

Point　一人ひとりの理由を大切に

　皆の前でトイレの話題を出されたり、人目のある場所でズボンを脱がされたりというのは、2、3歳児であってもいやなものです。

　また、トイレに行きたくない理由は、一人ひとりで異なるので、まずは丁寧に理由を探りましょう。そして、失敗があってもおおげさに騒がないこと。トイレをいやがる原因の多くは、トレーニング初期の失敗がネガティブな経験として残っていると考えられます。また失敗してはいけないという緊張が、さらに子どもを萎縮させます。

排泄

トイレトレーニングが週末で台無し！

園ではパンツでトレーニングをしているのに、おうちではおむつに逆戻り。週明けには、せっかく進んだトレーニングも一からやり直しです。排泄の自立を丸投げの保護者には、どのように協力してもらったらいいですか。

ある!! ある!!

🐻 あせる保護者には？
あと2か月しかないのに、「正月までにおむつをはずしたい」と、強く要望する保護者がいます。

🐻 いきなりパンツ！
月曜日にいきなり、パンツをはかせてきた保護者がいました。登園の際に何も伝えられなかったので、そのまま預かっていました。子どもがおもらしをして、初めて気づきました。

🐻 「おむつは自然にとれる」と言う保護者
「おむつは自然にとれますから」と言って、トイレトレーニングに消極的な保護者がいます。家庭でもパンツに慣れてほしいのですが、何度も伝えるのは気が引けます。

先輩からのアドバイス

☑ ポジティブに伝える
トレーニングを丸投げで消極的な保護者には、「今日、Yちゃんおしっこを教えてくれたんです！」など、ポジティブな様子をたくさん伝えます。子どもをほめられると、保護者も前向きになる気がします。

☑ 金曜日の夕方に
金曜日の夕方、お迎えが来たタイミングで「お休みの日の昼間は、パンツで頑張ってね！」と、子どもを通して保護者に伝えています。子どもがやる気になることで、保護者も協力しようかなと思うようです。

☑ 保護者の考えをたずねる
まずは「どんなふうに進めたいですか？」と、保護者がトイレトレーニングについてどのように考えているのか聞きます。子どもの発達の段階を理解せず、難しいことを言うときは、困難な理由を含めて、「こうなったら、次はこのステップに……」と、育ちと援助のプロセスを丁寧に伝えます。

「園主や保護者優先」はNG❌
トイレトレーニングは、園と家庭が連携してこそ進むものです。方針が違うと、子どもは混乱します。「子ども優先」と考えましょう。

Point　始める前に、自立のプロセスを丁寧に伝える

　保護者が抱くトイレトレーニングのイメージはさまざまです。ですから、保育者と同じことを、同じように考えると思わないでください。まずは、トレーニングが始まる前に、懇談会などで排泄の自立プロセスを丁寧に伝えましょう。トレーニング中に避けたいことなども、あらかじめ伝えてください。そして、連絡帳や送迎時にこまめに報告をします。今どの段階にいるのか、次の課題は何かなど細かく伝えることで、保護者の意識も変わってくることでしょう。

排泄

おもらしをした子どもへの声のかけ方

まだ失敗も多い2歳児は、おもらしをすると固まったり、泣き出したり、逆に何ごともなかったように遊びを続けたり……など、反応もさまざまです。どんなふうに声をかけたらいいでしょうか。

🐻 無言で対応する先輩保育者

失敗した子どもの後始末を、無言でする先輩。ちょっと冷たいと思ってしまいます。

🐻 落ち込んで、遊びにも影響が

失敗したあとに気持ちを立て直すことができず、保育者から離れられなくなります。「気にすることないよ」と伝えるのですが……。

🐻 うまくできていたのに、おもらし再開

自分でトイレに行くことが習慣になりつつあり、自立をほとんど完了していた子どもが、あるときから急にまたおもらしをするようになりました。何が原因なのでしょうか……?

先輩からのアドバイス

☑「誰？」は禁句
水たまりに気づいても、「誰が出ちゃった？」などとは言いません。子どもの自尊心を守るために、周りに気づかれないよう、さりげなく処理します。

☑ 保育者が「ごめんね」
失敗した、と子どもを落ち込ませないために、保育者が「ごめんね、先生が気づかなくて」と声をかけます。

☑ たくさん抱きしめる
自立していたのに急に失敗が続くようになるということは、精神的に不安定になっているサインだと思います。その理由を探すと同時に、いつも以上にたくさんかかわり、抱きしめます。

「無神経な声かけ」はNG ✗
他の子どもたちの前で「あらあら〜」「出ちゃったの」などと、子どもが傷つくような無神経なことは言わないように気をつけましょう。

Point　2歳児のプライドを尊重する

　トイレでの排泄は、お兄さんお姉さんに近づく第一歩。成功すれば自信につながりますが、失敗は大人が思う以上に子どもの心に重くのしかかります。何事もなかったかのように遊びを続けるのも、自分の心を守るための精いっぱいの防衛です。そのことを理解し、繊細にかかわらなければなりません。
　そのためにも、できるだけ周りに気づかれないようさりげなく処理し、目立たない場所で着替えさせましょう。声かけも「出ちゃったね。でも大丈夫だよ」「誰でも失敗はあるんだよ」など、前向きな言葉で励まします。

排泄における発達と援助

2歳前半

発達
- 2歳を過ぎると括約筋が発達し、排泄を少しの間我慢できるようになる。
- 自分から「チッチ」「でる」などと言葉で知らせるようになる。
- 遊んでいて、漏らしてしまうこともある。

援助
- 我慢する癖がつかないようタイミングよくトイレに誘う。
- 言葉で知らせたこと、トイレで排泄できたことを、一緒に喜ぶ。
- 遊びの区切りをみて、タイミングよくトイレに誘う。失敗しても責めず、「大丈夫だよ」と安心できる言葉をかける。

2歳後半

発達
- 日中はパンツで過ごせる子どもが増える。
- 失敗したときに、傷ついたり恥ずかしいと思ったりする気持ちが大きくなる。
- 食事や午睡の前など、すすんでトイレに行く習慣が身につく。

援助
- 家庭と連携しながらパンツで過ごす快適さを、子どもに伝える。
- 失敗した際は目立たぬように着替えをさせ、処理する。失敗は誰にでもあることを伝え、安心させる。
- 子ども自身が見通しをもって生活ができるよう、少しずつ声かけを減らす。

発達

- トイレでの排泄をいやがったり、隠れて大便をしたりという姿がある。

- 排泄後、水を流し衣服を整え、手を洗う、という一連の流れをスムーズに行う。

- 排泄が自立する子どもが増えるが、個人差もある。

援助

- トイレでの排泄が難しい子どもは個別に対応し、原因を探る。家庭と連携し、あせらないように保護者に伝える。
- 手順だけでなく、丁寧に洗う、他の人にも配慮して使うことを伝える。

3歳

- 排便の始末を自分でしようとするが、まだきれいにふきとれない。
- ペーパーを必要以上に出す子どもがいる。
- 必要なときに、自分からトイレに行く。

- ドアを閉める、ノックするなどのマナーを身につける。

- 便の始末は、最後は保育者が確認し、汚れが残らないようにする。
- 一回分の目安がわかるよう、ロールの隣にテープを貼る。
- 1日の流れを見通して、散歩の前や午睡の前後などに自分からトイレに行くよう、1日の流れを視覚的に伝える。
- 保育者が見本を示し、皆が気持ちよく使える場所にすることを伝える。

排泄の環境のポイント

- **順番を待つ椅子**

トイレの数には限りがあります。順番を待つ際に腰かけられるベンチがあると、トイレで走り回ることもなくなるでしょう。服の着脱も、腰かけがあると落ち着いてできます。

- **トイレットペーパーは、一回分ずつを準備**

ペーパーは、一回分の使用量を保育者があらかじめ準備しておき、子どもは取り出して使うだけにします。年度の後半には、適当な長さを切り取る経験に切り替えてもよいでしょう。ペーパーの隣に紙の長さを示すテープなどを貼ると、わかりやすくなります。

- **上履き・スリッパの置き位置を目で見てわかりやすく**

トイレで上履きからスリッパへの履き替えが必要な場合、並べる場所にシールを貼っておきます。靴やスリッパを脱ぎ散らかさず、整える意識が育ちます。

- **清潔で快適な環境**

掃除・消毒用具などは目につくところには置きません。ものをごちゃごちゃ置かず、清潔感を大切にします。

- **明るさ、においに注意**

他の部屋に比べて、暗くて寒いことが多いトイレ。「トイレなんだからこんなもの」とあきらめず、子どもが抵抗なく使用できるよう、照明や室温に配慮します。トイレ用の消臭剤や芳香剤も、子どもにとってはいやなもの。なるべく使用を控えます。

- **手洗い場では、保育者が見本を**

手洗いも一人で上手にできるようになる時期ですが、泡を蛇口に残さない、鏡にはねた水をこまめに拭き取る、などの細かいマナーはまだこれから。まずは保育者が見本を示し、清潔の意識を育みましょう。

トイレトレーニングのコツ

● **午睡の後はチャンス**
午睡の後は排尿する可能性が高いので、トイレに誘います。うまくトイレでできたら「出たね！」と喜び、子どもが達成感を感じられるようにします。

● **失敗しても、あたたかく受け止める**
ほぼトイレで排泄できる子どもでも、遊びに夢中になったり、水分を取りすぎたり、冷えたり、緊張したりというさまざまな理由で、失敗することがあります。「どうして教えてくれなかったの〜」「もうトイレでできるよね？」など責める言葉は慎み、「大丈夫だよ」とあたたかく受け止めます。おもらしの処理は、目立たない場所でさり気なく済ませましょう。

● **プライドに配慮**
2歳児クラスではトイレトレーニングも本格的に進み、自立する子どもも増えます。排尿間隔がまだ短くトイレに関心がなさそうな子どもでも、遅くとも2歳半にはスタートしたいものです。まわりと比べ「自分はまだおむつ」ということでプライドが傷つく子どももいるので、気を配ります。

● **サインをキャッチする**
「トイレ」「チッチ」などと、言葉で伝えるのがまだ難しい子どももいます。言葉以外のトイレのサインには、
・立ったりしゃがんだりと落ち着かない
・股間やお尻を押さえる
・ズボンを引っ張る
・ぴょんぴょん跳ねる
・腰をよじる
・カーテンなどに隠れる
などがあります。一人ひとり異なるので、サインを見逃さないようにしましょう。

● **「トイレに行きたくなる」感覚を大切に**
散歩前にトイレを済ませるのは当然ですが、トイレに行きたくないのに活動の切れ目ごとに全員でトイレに座らせる園があります。失敗は少ないかもしれませんが、これでは排尿感覚、排泄をコントロールする力は育ちません。一人ひとりに応じてトイレに連れていく、丁寧な保育を心がけたいものです。

食事

食事に集中しない

食事に集中できず、もぐもぐしながら立ち歩きます。注意すると座りますが、座った途端にまた立ち上がり……。他の子どもにも影響するので、やめさせたいです。

🐻 食べもので遊ぶ

食べものをつかんで遊び始めます。ときには食べものを投げてしまいます。食べ物で遊ばないことを言葉で伝えたいのですが、うまく伝わらず、何度も注意しています。きちんと理解させるためには、どう注意すればいいですか。

🐻 ひじをついて食べる

食べるときに、ひじをつきます。「ひじは机につかないよ〜」と注意するとやめますが、すぐに忘れてしまい、またひじをついたまま食べ続けます。毎回注意して食事がいやにならないか心配ですが、気になります。

🐻 犬食いしてしまう

お皿に顔を近づけて犬食いをします。姿勢を正して食べさせようとしますが、くせがついているのか直りません。

先輩からのアドバイス

☑ 毅然とした態度で伝える
食べ物は遊ぶものではない、ということを毅然とした態度で伝えます。食べ物で遊ぶのは、食べることに集中していないから。食欲はもうないと判断し、食事を切り上げます。

☑ 上手にできたときは、ほめる
毎回注意されながら食べるのは、子どもも楽しくないでしょう。
上手に食べているときは、見逃さず必ずほめます。

☑ 食べる前に声をかける
普段から背中が曲がっている子どもは、食事のときのマナーも崩れがち。そんな子どもには、「今日は、お背中ぴーんで食べられるかな？」と、食べる前に声をかけ意識させます。食事中も、意識が姿勢に向くような言葉を適度にかけます。

> **「その場だけ注意する」はNG**
>
> 立ち歩く子どもは、他の場面でも落ち着きがないのでしょう。食事場面だけでなく、生活全体を見てかかわりましょう。

Point　食事のマナーは、みんなのために

　食事のマナーは、いっしょに食べる人たちがお互いに気持ちよく食事を楽しむためにあります。2歳児クラスでは、友達や保育者と一緒に楽しく食べるために、自分はどうしたらいいのかを考える力を育てたいものです。

　保育者に叱られるから静かに座って食べるというのでは、子どもの心の育ちにつながりません。「歩きながら食べていたら、他の人はどう思うかな」と語りかけ、自分の行動を振り返る手助けをしましょう。

| 食 | 事 |

食べるのが遅すぎる

マイペースで、食べ終わるのにとっても時間がかかるBちゃん。時間をかければ完食する子どもなので、量を減らすことには抵抗があります。他の子どもは食べ終わってどんどん午睡に入っているのですが、気にする様子もなく、のんびり食べています。

🐻 自分で食べようとしない

スプーンで食べられるようになり、家庭では上手に食べていると保護者から聞いているのに、園では自分で食べようとせず、保育者に食べさせてもらおうとします。

🐻 気分によってまちまち

食べるときと食べないときと、気分によって変わります。食べない日は一口も食べてくれないので心配です。

🐻 かまずに飲み込む

口に入れると、ほとんどかまずに飲み込んでしまいます。ときには、のどにつまりかけ心配です。咀嚼力の発達にも影響が出るので、たくさん噛むように声をかけているのですが……。

先輩からのアドバイス

☑「ごちそうさま」でそろうように
食べるのが早い子ども、遅い子ども、それぞれなので、一斉に食べ始めるのをやめました。遅い子は早めに食べ始め、だいたいそろってごちそうさまができるタイミングで、他の子どもが食事の席につくようにしています。

☑ 家庭の様子を尋ねる
早食い・遅食いがくせになっている場合は、家庭での食事の様子をたずねます。テレビを見ながらの食事で、咀嚼に意識が向いていない場合もあります。

☑ 甘えと受け止める
「先生、食べさせて」と要求するのは、家庭では許されない甘えを園で試しているのかも。本人が満足するまで受け止めますが、「Mちゃんはちゃんと自分で食べられるの、先生知ってるよ」と自らの成長に気づく言葉もかけます。

☑「食べたくない」も尊重
食べ方にむらがある子どもには、まずその日の「食べたくない」気分を尊重。自我が育つ時期なので、子どもの気持ちを無視して食べさせるのは、逆効果です。ただし、「何も食べないと、元気が出なくて先生は心配」ということは伝えます。

Point　食べ方をよく観察する

　飲み込む力が弱く、咀嚼を多く必要とする子なのか、注意が散漫で食べることを忘れがちなのかなど、まずは原因を探しましょう。原因によってかける言葉や援助は違います。

　注意がそれがちな子どもには、「いっぱいかむと、違う味になるね」などと、かむことに集中できる言葉をかけましょう。食べるのが遅くて困るのは、保育の都合です。本来なら、ゆっくり食事を楽しむのは望ましいこと。「早く、早く」と急かして食べさせるのは、できるだけ避けたいものです。

食事

かむ力が弱い子どもがいます

いつも口が半開きでよだれが出ているSくん。家庭でやわらかいものしか食べていないようです。あごが発達しないので、月齢にあったものを食べさせてほしいと保護者にお願いするのですが、なかなか伝わりません。

ある!! ある!!

🐻 しっかりかんで食べない

口に入れたらよくかまず、すぐに飲みこもうとします。のどにつまると大変なので、「よくかんで食べようね」と伝えていますが、離乳食のときのくせが直りません。

🐻 下の子どもに合わせた食事をしている

家庭では弟に合わせてやわらかい食事にしているようで、園での食事を上手にかめなかったり、食べきれなかったりします。違う食事を用意するのは大変なことも理解できるので、保護者に伝えづらいです。

🐻 お肉や生野菜を出してしまう

お肉や生野菜の食感が苦手で、口に入れてもすぐに出してしまいます。

先輩からのアドバイス

☑ 食べ物の硬さを再確認
すぐに飲むくせがある子どもに、あまり早く硬いものを食べさせると、丸のみや咀嚼不足になりがちです。ですから、少し柔らかめの食事を提供して、かむことが身につくよう援助します。

☑「もぐもぐもぐ！」の声かけ
食事に集中していない場合は、咀嚼に意識を向けるために、「口に入れたらもぐもぐしてね」と声をかけます。リズムよく、楽しい雰囲気で食べられるようにしています。

☑ 噛むことが楽しい食べ物を
リンゴやふかしたお芋スティックは、人気のおやつ。食感が楽しいと、よくかんでいる気がします。

☑ 口の中を観察する
ペーストやゼリーなど、極端に柔らかいものしか食べようとしない子どもは、口の中を見てみます。奥歯（臼歯）がまだ生えていなければ、生えれば食べるようになる可能性があります。

> **Point　さまざまな可能性を考えて**
>
> 　子どもが大人に近い咀嚼機能を獲得するのは、奥歯が生えそろう3歳以降といわれています。「柔らかいものばかり食べていたため、丸のみしてしまう」というのは誤りで、最近では、「あまり早く硬いものを与えることが、十分な咀嚼を身につけられない原因である」といわれています(注)。歯の発育は順調なのに、卵焼きレベルの硬さが難しいようなら、歯科医に相談してみましょう。よだれも、かみ合わせなどの問題が潜んでいることがあります。また、口がいつもあいているのは鼻づまりの可能性も考えられます。

（注）小児科と小児歯科の保健検討委員会「歯から見た幼児食の進め方」平成19年

`食事`

箸への移行が進まない

箸の使用を始めましたが個人差が大きく、なかなか進みません。トレーニング箸を導入した途端に食べこぼしもひどくなり、まだ早かったかなと後悔しています。とはいえ、家庭では箸を準備してもらったので、スプーンに戻すわけにもいかず……。

🐻 握り食べが直らない

箸を持っても、スプーンのときのように、握り食べが直りません。直してもすぐに握ってしまいます。何度も直したらいやになったのか、食べなくなりました。このまま食事をしなくなりそうで心配です。

🐻 手づかみ食べが直らない

スプーンも箸も使えるようになったのに、手づかみ食べになることがあります。

🐻 園にお任せ

家庭でも箸のトレーニングをしてほしくてお願いしたのですが、「私もちゃんと持てないので、園で指導してください」と保護者に言われました……。

先輩からのアドバイス

☑ 段階を踏んで
まずはスプーンで、上手持ち→逆手持ち→鉛筆持ちへと段階を踏みます。スプーンの鉛筆持ちで上手に食べられるようになってから、箸へ移行しています。そうすると、握り箸で食べる子どもはいなくなります。

☑ 遊びの中で練習
ままごとで箸を導入しました。豆状のものや布製の野菜などを用意し、自然に箸を使える環境をつくります。遊びながらだと楽しいようで、身につきやすいです。

☑ 食事の内容を工夫
箸で食べやすい食事を出してもらいます。小さめのサイコロ型が、挟みやすいようです。いきなり箸で食事全てを食べるのは子どもも疲れるので、スプーンやフォークも一緒に提供しています。ときには手づかみも許容していますよ。

「みんな一斉に」はNG ✗
子どもの月齢差がまだ大きい2歳児クラスは、手指の巧緻性にも個人差があります。各自の発達を見極めて、対応しましょう。

Point **ゆったり、焦らずその子に合わせて**

　保育園の子どもは箸を持てるようになるのが早い、と家庭からの期待を感じる人もいるかもしれません。しかし、焦って移行しても子どもも保育者も負担が大きくなるだけです。一人ひとりの発達をよく見極めて、無理のない移行を目指しましょう。

　3歳をすぎて、スプーンの鉛筆持ちで、手首を使って食べこぼしなく上手に食べられるようになったら、箸への移行もスムーズに進むでしょう。しかし、箸のせいで食事がつまらなくならないように気をつけたいものですね。

食事における発達と援助

発達 / 援助

2歳前半

発達
- 歯全体を使って噛む。ほとんどの食事を一人で食べる。
- 片手付きコップで、傾けずに水分を取る。
- 片手で食器を押さえ、片手でスプーンを持って食べる。
- スプーン・フォークを、手首を使って使いこなす。

援助
- 一人で食べ終えられたらしっかりほめる。
- 食事の合間に水分を取るよう声をかける。
- 一方の手で食器を押さえながら食べるよう伝える。
- スプーン・フォークは鉛筆持ちへと移行させる。
- 食べ終えた後の後始末に意識を向ける。

2歳後半

発達
- ほとんどこぼさずに食べることができる。
- 友達や保育者と会話をしながら食べることを楽しむ。
- 徐々に箸へと移行するものの、難しいものはスプーンで食べる。
- 食事のマナーを理解する。
- 残さず食べることに達成感を感じる。

援助
- 楽しい雰囲気を大切にしながら、おしゃべりに夢中にならないよう配慮する。
- 一人ひとりに応じて手を添え、箸の扱い方を支援する。
- 「口の中に食べ物が入っているときはしゃべらない」「お皿に顔を近づけて食べない」など、少しずつマナーを伝える。

発達	援助
・食事のマナーや文化が身につく。	・正しい配膳の仕方や食器・食具の持ち方を伝える。ごはんは飯椀に、汁物は汁椀になど、食べ物によって適切な食器があることに気づかせる。
・当番など役割を与えられると、進んでやろうとする。	・トレイやコップ、おしぼりを配るなど、簡単な手伝いを子どもに任せる。
・食べ終わったら食器を片づける。	・指示してさせるのではなく、子どもが自分で片づけ方を考えられるよう、下膳の場所にシールを貼って示す。

3歳

・簡単な調理に意欲をもって取り組む。

・おにぎりづくりや芋もちなど、簡単なクッキングに取り組む。

・食材や料理に興味を示す。

・食べ物や料理に関心をもてるよう、絵本の読み伝えや野菜栽培などを活動に取り入れる。

食事の環境のポイント

● **姿勢**
足裏が床にしっかりつくこと、腰骨から背中がすっと立っていること、テーブルの上で肘が直角に曲げられることを確認し、安定した姿勢を保てるように、椅子の高さ、テーブルの高さを調節します。

● **心地よい食事環境を、子ども自身が意識できるように**
皆で楽しく食べるためには、相手を不快にさせないマナーを身につける必要があります。足や腕が他の子どもに当たったり、食べ物を口に入れたまま話したりする子どもには、なぜいけないのか、その理由を含めて丁寧に伝えます。

● **定席から自由席へ**
初めての集団生活で不安が大きい0、1歳児クラスでは、食事の席は決まっていたほうが子どもは安心感が得られます。2歳児クラスになり、指定席の必要性がなくなれば、子どもが自由に座る場所を選ぶスタイルに移行します。取り合いなどのトラブルも起きますが、自分を意識し主張する自我の育ちにつながります。

● **エプロン**
食べこぼしが少なくなったら、「きれいに食べられるようになったね。もうエプロンも卒業しよう」と徐々に移行します。子ども自身が、成長を実感できます。

● **子どもが食事の準備に参加**
おしぼりを配る、コップを並べるなどの簡単な仕事なら、2歳児でも十分に可能です。役割が与えられることで、子どもの自立心や自尊心が育ちます。

● **食物への関心を育む**
丸ごとのにんじん、丸ごとのキャベツなどを食事の前に見せ、「どの料理の中に入っているかな？」と尋ねましょう。食べ物への関心が、自然に高まります。

スプーンの持ち方の援助のコツ

① ピースをつくる

「まずは、ピースをつくって」

② 親指も出す（三本指が伸びたかたち）

「それから、お父さん指も出して」

③ 親指と人差し指でスプーンをはさむ

「お父さん指とお母さん指でスプーンをはさんで」

④ 中指をスプーンの下に添える

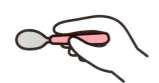

「お兄さん指をお母さん指にくっつけよう」

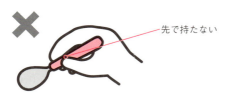

✕ 先で持たない

スプーンの鉛筆持ちが上手になったら箸へ移行を考えましょう。柄を短く持つ持ち方は手首が使えないので、箸に移行しにくくなります。

睡眠

寝つきも目覚めも、気に入らない

目が覚めたとき、そばに〇〇先生がいない、と泣き出しました。私がトイレに立ったタイミングで目を覚ましたようです。すぐに近寄って慰めましたが、大泣きが止まらず、他の子どもも起きてしまいました。

ある!! ある!!

🐻 新しい先生イヤ

寝かしつけようとしたら、「新しい先生イヤ」と言われました。ショックです。

🐻 カーテンを閉めるとパニックに

カーテンを閉めるとパニックになったり、大声を出す子どもがいたりして、気になります。

🐻 寝る前にイヤイヤが始まりました

寝る時間になると、必ずイヤイヤが始まる子どもがいます。一人のイヤイヤにつられて、集団でぐずられます。毎回このような状態になるので、子どもたちが寝不足で午後十分に遊べないのではないかと心配です。

先輩からのアドバイス

☑ 理由を話して謝る

保育者がいないことで不安になり、泣く子どもには、きちんと理由を話します。それでも気持ちが落ち着かなければ、抱っこして「ごめんね」と謝ります。

☑ 仲良くなる努力を

睡眠や排泄は、子どもにはデリケートで不安を伴うものなので、よく知らない人がそばにいるのはいやなのでしょう。お気に入りの保育者以外を拒否する子どもとは、睡眠以外の時間でたくさん一緒に遊んで仲良くなります。

☑ 敏感な子どもには個別対応

眠れない原因は一人ひとり異なります。ちょっとしたことでパニックになる子どもには、個別対応で原因を探ります。必要があれば、他の子と別の場所に移し、その子にとって安心できる環境をつくります。

「今は寝る時間！」はNG✖

「2歳にもなれば、秩序ある集団行動を」と考えるかもしれませんが、大人の都合を押しつけるだけでは子どもは納得しません。

Point 「見通しをつける力」を理解して

　2歳児は、物事の見通しがつき、予測して確かめる行動が多くなる時期です。起きて泣いてしまうのは、目覚めたときに保育者がそばにいるだろうと予測していたことを意味し、論理的な思考力が高まっている証です。保育者はなだめたり慰めたりするとともに、こういう理由でいなかったのだと説明してください。

　寝つけない子には入眠前に素話をしたり、絵本を使うとよいでしょう。眠る前にいつも決まったことをすることで、子ども自身がこの後眠るのだと見通しをつけます。どんな入眠儀式がよいかは子どもによって違うので、探してみましょう。

睡眠

午睡の時間に遊びたがる

布団に横になっても、立ち上がったり、他の子どもとふざけたりするMくん。一人だけ離して寝かせると、歌を歌ったりおしゃべりをしたりして、他の子どもが眠れず困っています。

ある!! ある!!

🐻 午前中に眠くなる
主に祖母が面倒をみていることもあり、毎朝4時ごろ起きているようです。そのため、午前中に眠くなり、うとうとして、部屋の隅でごろんとしてしまいます。

🐻 なかなか寝つけない
眠そうなのに、なかなか眠りに入れない子どもがいます。どうしたら、気持ちよく眠れますか。

🐻 指しゃぶりや自慰行為をやめられない
もうすぐ3歳になるのに、まだ眠るときは指しゃぶり。布団に入ると自慰行為が始まる子どももいます。どうしたらいいのか迷っています。

先輩からのアドバイス

☑ その子なりのリラックス法
２歳児はこだわりが出てくるので、お気に入りのぬいぐるみを持たせたり、家庭で使っている布団を持ってきてもらったりして、寝る環境を整えています。その子どもなりにリラックスできる方法を探します。

☑ 「目をつむろう」と声かけ
眠りを強制するとますます眠れなくなるので「寝なさい」ではなく、「30までおめめをつむろう」と声をかけ、ゆっくり数を数えます。

☑ 迷惑行為はやめさせる
体力が余っているために眠れないのであれば、無理に眠らせず、部屋の片隅で絵本を読んだりブロックをして静かに過ごします。大きな声を出すなど、他の子どもの迷惑になる行為はきちんと理由を話してやめさせます。

☑ 手を握って安心感を
指をしゃぶるという行為だけでなく、眠る姿勢から安心感を得ることがあるので、しゃぶるほうの手を保護者が優しく握ります。その際、指しゃぶりの際と体勢が大きく変わらないように配慮します。

Point　活動量の見直しを

　３歳にもなると、午睡時に眠らない子どももいます。そんなときは、午前中の活動量を見直してください。思い切り体を動かして活動していれば、昼食後は自然に眠くなるはずです。体力もつく時期ですから、２歳のときと同じ活動内容ではエネルギーを持て余してしまいます。それでも眠れないときは、無理に寝かせず、別室や離れた場所で静かに過ごしましょう。保護者には、「今日眠らなかったので早めに休んでください」などと伝え、家庭との連携をはかります。

睡眠における発達と援助

生活リズムが安定し、午睡にもスムーズに入れるようになります。活動量が多くなることで、疲れやすかったり、興奮が冷めなかったりすることがあります。質の高い睡眠をしっかりとり、エネルギーの回復に努めます。

眠るという意識が出てくる

「これから眠るんだな」という見通しを自分でつけ、睡眠に向けて行動できるように援助します。そのためには、入眠前の着替え、排泄、布団に入るという一連の流れを固定し、習慣として身につけていきます。

お決まりの儀式で、眠る準備を整える

絵本を見る、保育者のお話や歌を聴くなど、布団に入った状態で決まったルーチンをすることで、心と体が眠りに入る準備を整えます。いつも決まったことをするとよいでしょう。

指を吸いながら、眠ろうとする

指しゃぶりも、子どもにとっては大切な入眠儀式。無理にやめさせるのではなく、保育者が手を握ったり、隣で体を密着させたりして安心感を与えます。

興奮して、うまく寝付けない

午前中に大はしゃぎしてしまった、刺激が多すぎた、といった場合に、興奮が静まらず立ちあがったりごろごろと激しく姿勢を変えたりする場合があります。「静かにしなさい！」は逆効果なので、保育者が抱っこして絵本を読んだり、体をマッサージするなどしてリラックスできるように援助します。

睡眠の環境のポイント

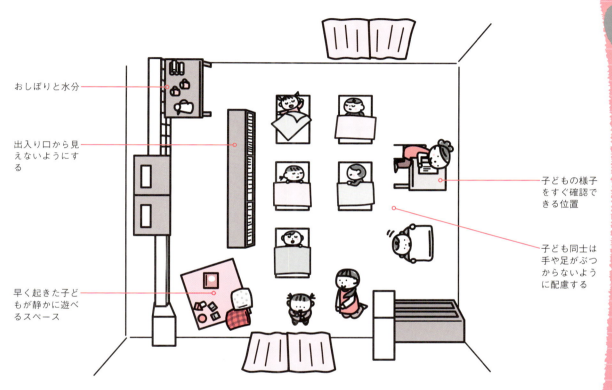

おしぼりと水分

出入り口から見えないようにする

早く起きた子どもが静かに遊べスペース

子どもの様子をすぐ確認できる位置

子ども同士は手や足がぶつからないように配慮する

　隣と密着させて布団を並べ、子ども同士の体が触れ合っても気にしない日本の午睡の様子は海外の保育者には、奇異に映るとのこと。睡眠は特にプライベートなものなので、自分のスペースに他人が入ってこない環境を保障することが大切だといいます。川の字で眠る文化の日本では驚きの考えですが、子どものプライバシーという観点から午睡の環境を問い直すとよいかもしれませんね。

生活のリズムを整える

朝

生活リズムを整えるために、朝決まった時刻に起きます。起床とともにカーテンを開け、朝の光をたっぷり浴びます。

朝食

決まった時刻に朝食をとると、腸などの内臓が動くリズムにつながります。排便の時間も決まってきます。

登園～午前の活動

午前中は、のびのびと体を動かす活動を取り入れます。天気がよければ、できるだけ毎日散歩に出かけましょう。雨が続いたり、暑さや寒さが厳しく戸外に出ることが難しければ、ホールなどを有効に使います。

昼食

よく食べるためには、空腹を感じる必要があります。午前中にたっぷりと体を動かした子どもは、自然にお腹がすき、食事もすすむでしょう。

午睡

昼食後、1～2時間の午睡をとります。体力がついてきた子は、1時間程度で目が覚めることが多くなります。早く起きても今は静かに体を休める時間であると伝え、絵本やお絵描きなど、静かに遊べる活動をします。

午後の活動

活発に動き回る子ども、集中して構成遊びをする子ども、ままごとなどごっこ遊びを楽しむ子どもなど、自分の好きなことに存分に取り組む時間です。手先に集中する製作などの活動も、脳と体の運動です。

夕方～お迎え

おやつを済ませたら、徐々にクールダウンします。翌日の活動も視野に入れ、遊びの収束やさらなる展開を考えます。お迎えまでの時間を戸外で過ごすのもよいでしょう。自然に心身を落ち着かせていくことにつながります。

夕食		どの家庭も忙しいひとときですが、ゆったりと過ごせるようにします。テレビは消して親子で顔を見合わせ、食事を楽しむ時間をつくります。
入浴		毎日一定の時間に入浴できるよう、心がけます。しっかり湯船につかって体温をあげることが、スムーズな眠りにつながります。
就寝		寝る前にパソコンやテレビを見ると、脳が覚醒して寝つきが悪くなるといわれています。子どもにとって大切な成長ホルモンが分泌される時間なので、できるだけ早寝を心がけます。10時間以上の睡眠時間を確保しましょう。

※寝る時間が遅くなったとしても、朝はいつもの時間に起床させましょう。起きる時刻をずらすと、いつものリズムに戻るまでに時間がかかります。

家庭との連携

園でも家庭でも、メリハリのある生活を

　体のコントロールができ、動きのバリエーションも増える２、３歳では、思い切り体を動かす時間と静かに体を休める時間を、１日の中でバランスよく配置し、メリハリをつけましょう。

　忙しくてなかなか理想どおりにいかない家庭もありますが、家庭ごとにできそうなことを一つ、提案してください。「父親が10時頃に帰るまで起きていたがる」などの悩みなら、「８時にテレビ電話でお休みを言う」などとアドバイスします。うまく改善できたら、小さなことでも一緒に喜びましょう。

着脱

「着せて〜」と言って自分でやらない

しっかりしていて、他のことは何でもできるAちゃんですが、着替えだけはいつも「着せて〜」と言ってきます。できないわけはないので、着せるのがいいのか、自分でやらせるのがいいのか迷います。

🐻 着替えさせてくれるのを待つ

毎回、着替えさせてくれるのを待っている子どもがいます。家庭でも全部保護者が手伝っているようで、保育者が促しても、手を出そうともしません。なるべくできるところは自分でしてほしいのですが、なかなか動きません。

🐻 丁寧にかかわりたいが時間がない

自分でしない子どもに丁寧にかかわって意欲を引き出したいけれど、時間がありません。

🐻 どこまでやってあげる？

「やってみる？」と聞くと必ず拒否されます。もうすぐ3歳になり、4月からは幼稚園に通うことになっているので、なるべく自分でしてほしいのですが、保育の時間も止めたくない。どこまで援助したらいいですか？

先輩からのアドバイス

☑ かっこいいところ、見たいな〜

「Sくんが、かっこよくお着替えしてるところを見たいな〜」などと言ってみます。見てもらえると思うとやろうとする意欲が出るようです。

☑ 受け身の子どもには自信をもたせる

なんでも受け身な性格なので「足を入れるところは、Eちゃんきっとできるよ！」などと励まし、できたらたくさんほめて自信をつけてもらいます。

☑ あえて、やってあげる

いつもは自分で着替える子どもが「やって」と来たら、何か理由があると思います。そんなときは、あえてやってあげることにしています。2歳児といえども決めつけず、「今日は手伝ってほしい気分なのかな」などと、気持ちをほぐす声をかけます。

☑ 先生は見てるよ

他に手のかかる子どもがいて、丁寧にかかわることができない場合は、「先生は見てるよ。どうぞ」と、言葉と視線で励まします。言葉だけでも安心するようで、自分ですることが多くなりました。

Point　揺れ動く気持ちを認める

甘えたい気持ちがあっても、うまく表に出せなかったり、「しっかり者だね」と言われて自分でもそうしなくてはと強く思ってしまったり。そんな子どもが「やって」と言いやすいのが、着替えの時間なのかもしれません。

2、3歳は、さまざまなことが自分でできるようになり誇らしさを感じるとともに、まだまだ大人に甘えたい気持ちが大きい時期です。どの子どもも、そんな気持ちの間で揺れ動いています。ですから、励ましたり、甘えを受け入れたりと、子ども一人ひとりに応じて臨機応変に対応していきましょう。

| 着 | 脱 |

2歳児のこだわりへの対応

お気に入りのTシャツを着てきたAくん。手洗いをしたときにぬれたので、保育園のものに着替えさせようとしましたが、どうしてもお気に入りの服がいいと言って聞きません。

🐻 服へのこだわりが強い

自分で選ぶことにこだわり、気に入りそうな服を渡しても「イヤ！」と言って着ようとしません。結局時間がなくて、私が選んだ服を着せようとしたところ、泣かれました。その後も帰るまで機嫌が悪くて困りました。

🐻 どこまで認めればいい？

大好きなバッグをいつでも身につけようとします。食事のときも、睡眠のときも絶対に手離しません。

🐻 こだわりにつきあうべき？

もう春なのに、セーターを脱がずに汗をびっしょりかいています。脱がせようとしても「暑くない！」と言って脱ぎません。脱水症状や熱が出る可能性もあるので、季節に合わせた服装をさせたいのですが……。

先輩からのアドバイス

☑ こだわりはポジティブに
２歳児のこだわりは自分の意志が出てきた証拠なので、前向きに受け止めています。ぬれた洋服を脱がない場合は、ぬれたところにタオルを挟んで対応します。

☑ お気に入りの秘密を探る
なぜその服がお気に入りなのか、理由を探ります。ある子どもは、肌触りが気に入っていて、その洋服しか着ませんでした。

☑ 理屈で説得
２歳児はもう言葉で説明すると納得する力があるので、「今日は暖かいからセーターだとたくさん汗をかいて気持ち悪いよ。だから着替えようね」と丁寧に説明します。

☑ 選択肢を与える
とりあえずすべての洋服を出して、「どれを着る？」と子ども自身に選ばせます。保育者が決めると「イヤ！」と言うので、効果的でした。

Point　こだわりには、とことんつき合う

　自分の想いと現実が違うことで、激しく泣いたりわめいたりするのが２歳児。大人の目には「わがまま」「だだこね」と映りがちですが、これも自立への一歩です。最初はてこずりますが、あたたかく受け止めていきたいものです。

　集団生活の中では、大人が「ここは譲れない」という場面もあります。そんなときは、我慢の大切さも体験させます。ただし、他人に迷惑をかけないこだわりなら、できるだけ認めてください。これからの人生、我慢しなければならないことがたくさんあるのですから。

| 着 脱 |

時間がかかっても、自分で やるとゆずらない

どうしても自分で着替えると言ってきかないTくん。午後の活動があるので、保育者がボタンを留めてあげたら、寝転がって大泣きです。

🐻 自分でやりたい気持ちは 大事だけど

靴を自分で履かないと散歩に行きません。まだ履くのに時間がかかるうえに、手伝おうとするといやがるので待っていると、散歩の時間が短くなってしまいます。

🐻 やりたいけど、 うまくできない

自分でやりたい気持ちはあるけど、うまくできずにイライラして、かんしゃくを起こします。「こうしたらできるよ。やってみようよ」となだめても、なかなかやろうとせずに怒り続けるので、他の子どもを見られません。

🐻 できているつもりだけど

できたつもりだけど、ボタンがずれていたり、服が前後逆だったりします。

先輩からのアドバイス

☑ 開き直る
この時期は、何をするにも時間がかかるのは当然と、開き直ったほうが楽です。子どもの自分でやるという意思を大切にして、保育の流れも、子どもの動きに合わせるくらいの気持ちでいましょう。

☑ ポジティブにとらえる
自分でやろうよ、と促してもやろうとしないより、やりたいと言ってやるほうが、ずっと頼もしい姿だと思います。「一人でお着替えできてすごいね」「えらいね」と存分にほめます。

☑ できていなくてもOK！
失敗を重ねることで、できるようになるので、多少のことには目をつぶります。ボタンの掛け違えも自分で努力したという証なので、保護者は喜んでくれることが多いですよ。

☑ 勝手に手を出さない
やろうとしているのに勝手に手伝うと、子どもは邪魔されたと思って怒ります。「ここだけ、手伝おうか？」などと、子どもの同意を得てから手伝います。

Point　自立の力を育てるチャンス

　自分でやろうとする気持ちが育っているのは頼もしい姿ですね。保育者としては、午後の活動もあるので、気持ちが焦るのもわかります。しかし、午後の活動を滞りなく進めることと、自立の力を育むことと、どちらが大切か考えましょう。
　こんなときこそチームワークで、活動を進める保育者、着替えを見守る保育者と分業しましょう。時間がかかるのは一時です。粘り強く取り組んだ子どもはすぐに上達して、結果的に自立を早めます。今日のこの瞬間が将来につながると信じ、見守りましょう。

着脱における発達と援助

● **できる工程を一つずつ増やす**
できる工程を一つずつ増やして、自信につなげます。シャツの場合、シャツをかぶれるように手に持たせ、子どもにかぶらせます。次のステップは保育者が前後を整えて、子どもの前に広げておき、「くまさんがお腹に来るようにしてね」などと指示し、子どもが自分でかぶれるようにします。

● **鏡で最後の確認を**
簡単な援助で、子どもが自分でやる意識をもたせます。ズボンの場合、最初は保育者が前後を整えて子どもの前に広げて置きます。低い台に座った子どもが自分で足を入れて引っ張り上げます。ズボンが履けたら鏡の前に立たせ、シャツの裾なども整えるよう促します。

● **挑戦を見守る**
「自分でできた！」と感じられるように、見守りベースで行いましょう。子どもが「できない」と言ったり、目で訴えたら「お手伝いしようか」と声をかけます。

● **自分で着はじめたら、直さない**
ボタンの掛け違えや、前後の逆も最初は見守ります。いつも間違える工程があれば、事前に「こことここを合わせてボタンをとめてみよう」と最小限のアドバイスをします。

● **放っておくのはNG**
一人で着られるようになっても、必ず見守り、できたときは「着られたね！」「上手にできたね」と認めます。2歳児クラスの子どもにとって、衣服の着脱は大きなチャレンジなのです。

着脱の環境のポイント

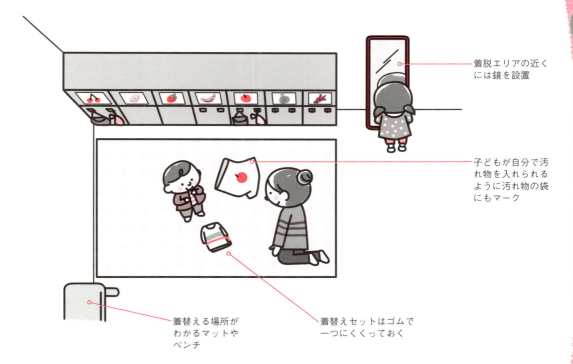

着脱エリアの近くには鏡を設置

子どもが自分で汚れ物を入れられるように汚れ物の袋にもマーク

着替える場所がわかるマットやベンチ

着替えセットはゴムで一つにくくっておく

簡単な洋服なら一人で着脱ができる子どもも増えます。ただし、個人差もあるので、一人ひとりに合った援助を心がけます。

子どもは、脱いだ服をたたむことも少しずつ覚えます。上手にたたむのはまだ難しいので、努力した気持ちを認めましょう。

ここをチェック！

- 自分の持ち物がわかるよう、フックやロッカーなどにマークをつける
- 子どもが自分で取りに行けるよう動線を工夫する
- 着せ替え人形で、着替えの手順を学ぶ

散歩

散歩の途中で歩かない

散歩に出かけると、「もう歩けない」「だっこして」「おんぶして」と、必ず歩かなくなる子どもがいます。「もう少し歩こう」と励ましますが、歩いてくれません。

🐻 歩行が遅れ気味の子どもにどう合わせる？

マイペースで歩行が遅れ気味の子どもは散歩のとき、どう支援すればいいのでしょうか。

🐻 発達がそれぞれで一緒が難しい

散歩の時間はクラス全員で行きます。しっかり歩ける子どもと、まだ歩き方がおぼつかない子どもが同じクラスなので、歩くスピードや歩き方がそれぞれで、一緒に散歩をするのが難しいです。

🐻 いつも待たせてしまう

歩行が遅れる子どもに合わせると、速い子どもをいつも待たせることに。遅れても一生懸命歩いているので、あえて急かすのもかわいそうだと思います。

先輩からのアドバイス

☑ 2グループに分ける
15人のクラスだったので、散歩は2グループで行きました。2歳児は発達に個人差があるので、歩行が速いグループはどんどん歩き、遅いグループはゆっくり寄り道しつつ、ときには1歳児クラスと合流することも。分けることで待たせたり、待ったりというストレスがなくなりました。

☑ 甘えは、できるだけ受け止める
すぐに「だっこ」を要求する子どもには、「今日は歩きたくない気分なのかな」と、可能な限り応えます。「本当はちゃんと歩けるもんね。お兄さんだものね」と、2歳児のプライドを守ることも忘れません。

☑ 散歩のルートを再考
本当に疲れて歩けないということもあります。散歩のルートや距離が子どもたちに適切か、再考します。

☑ 試し行動かも
自分の甘えをどこまで大人が受け入れてくれるのか、試しているのかもしれません。「2歳さんだからもう抱っこはしません」ではなく、「抱っこはできないけれど、一緒に手をつなごう」などと、子どもの心に寄り添います。

Point どちらのケースか見極める

　歩かなくなる理由に、二つあると考えられます。一つは、本当に疲れてしまった、靴が足に合わない、歩くのに慣れていないなど、歩くことが子どもにとって負担になるケースです。この場合は、負担になっている原因を取り除きます。
　もう一つは、甘えやイヤイヤなどです。自分だけ特別扱いしてほしい、自分のわがままを聞いてほしいなどの気持ちが隠れています。「どうして歩きたくないのかな」とやさしく言葉をかけ、できるだけ甘えを受け入れましょう。「置いてくよ！」「行っちゃうよ！」など、子どもの心に恐怖を与えるような言葉は慎みましょう。

散歩

散歩に出かけると必ずふざける

散歩に出かけると、ふざけながら歩く子どもがいます。車道に飛び出さないか心配ですし、他の子どもも一緒になって騒ぐので一般の人からの視線が気になります。どんなタイミングで、どのように注意すればいいでしょうか。

🐻 園の外で危ないことばかりする

叱ると子どもに嫌われるのではと思い、どう叱ったらいいかわかりません。それでも子どもが危険な行動をして叱らなければいけないときに、園の外で叱るのは気が引けます……。

🐻 外に出ると落ち着かない

散歩に出かけると興奮するのか落ち着きがなくなり、ちょろちょろ動き回って危ないです。さまざまなことに興味をもつのはよいことですが、他にも子どもがいるので、おとなしくしてほしいと思ってしまいます。

🐻 手をつなぐといやがる

急に走り出す子どもの手をつないでいますが、いやがってふりほどこうとします。

先輩からのアドバイス

☑ 出かける前に、お約束

気を引きたいために騒いでしまう子どもには、出かける前に、「歩くときは前を見て歩く、友達と間を空けない」など、約束をしています。途中で「えらい！ 前を見て歩けているね！」とほめて、約束を思い出させています。

☑ 保育者がそばにつく

外に出るとさまざまなものに興味がわいて、動きの予測がつきにくい子どもは、保育者が手をつなぎます。また、車道とは反対側に子どもが来るようにして急な飛び出しを防ぎます。

☑ ふざける原因を探る

子どもが園の外に出るのが楽しくて、散歩のときだけ気分が高揚してふざけるのか、散歩以外でも同じようにふざけるのか、よく観察して分析します。ふざける原因によって対応策も変わってきます。

> **「園の中と外の態度が違う」はNG ❌**
>
> 大人は外の視線が気になるかもしれませんが、園の中、外を問わず、一貫した態度で接します。子どもには混乱のもとになるからです。

Point　一貫して、毅然とした態度で

　園の中と外で保育者が態度を変えたら、子どもは混乱し、善悪のラインが揺らいでしまいます。一般の人の目がある公共の場での注意には、気が引けますが、毅然とした態度で、園内と同じようにふるまってください。

　そのうえで、ふざけてしまう理由を考えます。園外に出ると落ち着きがなくなるという子どもは、新奇な情報が一度に入ってきて、処理しきれないのでしょう。緑の多い公園などに出かけるなど、工夫してください。

散歩における発達と援助

発達 / 援助

2歳前半

発達
- 子ども同士で歩調を合わせ、手をつないで歩くことに慣れる。
- 運動能力のさまざまな側面が飛躍的に伸び、三輪車をこぐ、ケンケンパーをする、ボールを投げる、蹴る、走る、片足立ちなど、できる運動が増える。

援助
- 一緒に歩く楽しさを味わいながら、目的地をイメージして歩けるよう援助する。
- 散歩の目的地では、体のさまざまな動きが可能になるよう道具や活動を工夫する。

2歳後半

発達
- 勢いよく走り、ぴたっと止まることができる。
- リズムに合わせて体を動かすことを楽しむ。
- わらべうたを楽しむ。
- より難しいことにチャレンジする気持ちが高まる。

援助
- 追いかけっこやリレー遊びで、思い切り走る経験を保障する。
- 輪になって歌いながらリズムに合わせて歩くなど、わらべうたを取り入れる。
- 急な坂や薄暗いトンネルなど、子どもの挑戦の心を刺激するコースを散歩に組み込む。

発達	援助
・土踏まずができ、歩行がさらにしっかりする。	・散歩先では真っすぐだけでなく、ジグザグや後ろ歩きなど、変化する歩き方をのびのびと楽しめるようにする。
・勢いよく走ることができるようになるが、転んだときのケガが大きくなる。	
・ある程度長い距離を歩ける。	・散歩では目的地に向かって集中して歩くことをねらいとする。片道15分以上歩くときは、水分補給をさせる。
・赤信号で待つ、道の片側を意識して歩くなどの交通ルールを理解しはじめる。	
・前の人の肩に手を置き、電車になって歩く。	・手をつないで輪になったり、前後につながったりという活動を通して、「みんなで一緒に」行う楽しさを味わえるようにする。

 3歳

楽しい散歩にする工夫

☐ **散歩は、目的とイメージをはっきりさせる**
「公園でどんぐり拾いをしよう」など、目的とイメージをはっきりさせることで、期待と意欲をもって歩くことができます。

☐ **いつもの公園も、小道具があると新鮮に**
シャボン玉（吹くのは保育者）や紐をつけた風船などの小道具で、いつもの公園も新鮮になります。ただし、ボールなどは公道に飛び出す危険に注意します。

☐ **イメージをもって虚構の世界を楽しむ**
くまのようなかたちをした植え込みを見て「くまさんだ！」など、イメージをもって虚構の世界を楽しむのも散歩の醍醐味です。

☐ **交通ルールを少しずつ伝える**
「赤は止まれ　青は渡れ」などの交通ルールも理解しはじめます。

☐ **商店街や近所の公共施設も散歩ルートに**
消防署、交番、花屋、スーパーマーケットなども魅力的な探険先になります。

☐ **ときには、冒険心をそそるコースも**
トンネル、急な傾斜など、冒険心をそそるコースにもチャレンジしましょう。

☐ **見つけたものを持ち帰るバッグを**
牛乳パックなどでつくったバッグを持参すれば、どんぐりや落ち葉などを持ち帰れます。

散歩から帰ってきたら

□ **拾ってきたもので表現活動**
どんぐりでマラカス、葉っぱをラミネートしてコースターなど。

□ **散歩マップをつくろう**
子どもの印象に残った場所を写真に撮り、散歩マップをつくりましょう。子どものまた行きたい気持ちをふくらますことができます。

□ **絵本でイメージをふくらませる**
「じゃぶじゃぶ池のある公園に、三匹のくまさんが住んでいました」など読み聞かせをします。虚構の世界のイメージをふくらませ、わくわくした気持ちを楽しみましょう。

清潔

鼻のかみかたをどう教える？

鼻水が出ても気にせず遊んでいます。鼻水がこびりついて固まると、とるときに痛いので、鼻のかみかたを教えたいです。でも、「ふんっ！てしてみて」と見本を見せても、「ふんっ！」と声を出すだけで、なかなか伝わりません。

🐻 鼻水が広がっちゃう

遊んでいると鼻水が出て気持ち悪いのか、鼻水を手でふいて顔に広げてしまいます。その後は気にせず遊んでいますが、顔に鼻水がついて気持ち悪くないのか心配です。

🐻 ふかれるのが嫌い

鼻水をふかれるのが嫌いで、ふこうとすると逃げられてしまいます。

🐻 強く鼻をかんでしまう

自分で鼻をかめるようになりましたが、まだ力の加減ができなくて、強く鼻をかみます。肌が赤くなったり、皮がむけて痛そうなので加減を教えたいのですが……。

先輩からのアドバイス

☑ 声かけのタイミング
遊びなどに集中しているときは、なるべく声をかけません。活動の区切りなど、タイミングを見計らって声をかけ、鏡と紙をセットで手渡します。きれいになったということを鏡で確認すると、子どもも鼻水に意識が向きやすくなるようです。

☑ 鼻かみ専用のティッシュを準備
鼻水をふく紙を保育室内の手に届くところに準備。たくさん入れておくと遊びで全部使ってしまうので、一回ずつの枚数にして、適宜補充しています。ところどころに、さりげなく鏡も設置し、自分で気づける環境をつくりました。子どもが自分で気がつき、身ぎれいにできることが多くなりました。

☑ 鼻から息を吹く遊び
遊びに夢中になりがちなので、あえて遊びの中で、「お鼻でふん！ってやるんだよ」と声をかけながら練習しています。鼻の前に紙をたらし、「お口を閉じて、紙をゆらゆらさせてみよう！」というのも楽しいです。

> **「全部やってあげる」はNG** ✕
>
> 2歳児の清潔の習慣は、自分で意識し、身につけるもの。何でもやってあげた赤ちゃんクラスはもう卒業です。

Point　鼻をかもうとする気持ちを育む

　自分で鼻水の処理ができない子どもは、衛生的にも気になります。鼻から息を勢いよく吐くというのは、言葉では理解しにくいもの。保育の中ではまず、遊びの中で自然に覚えられるようにしたいですね。

　大切なのは、上手にできるかどうかより、自分で清潔を保とうとする意識を育てることです。少しでもかめたときは、「すっきりしたね」「きれいになったね」などと声をかけ、清潔になった気持ちよさを味わえるように援助しましょう。

第2章　生活のケア　清潔

清 潔

持ち物がいつも汚れている？

ハンカチなどの持ち物が汚れていたり、汚れた服を着てきたりする子どもがいます。保護者が忙しいのはわかりますが、どのように伝えればいいのでしょうか。

ある!! ある!!

🐻 汚れていても遊びに夢中
顔に食べ物がついていても、服が汚れていても平気で遊んでいる子どもがいます。「お着替えしようか」や「顔ふこうね」と声をかけると、きれいにしようとします。自分から気づくようになってほしいです。

🐻 爪が伸びたまま
いつも爪が伸びたままの子ども。保護者にどのように伝える？

🐻 いつも髪がボサボサ
いつも髪がボサボサのまま登園してくる子ども。保護者にどう伝えればいいかわからなくて、いつもそのまま過ごします。園でとかしたほうがよいのでしょうか。

先輩からのアドバイス

☑ 朝の時点で伝える
爪が伸びている子どもは、登園時に保護者と一緒にいる場面で伝えます。「あれ？ ○○ちゃん、爪が伸びているね」などと、偶然気がついたというように伝えると、「切ってください」と直接伝えるより角が立ちません。

☑ 身だしなみに意識が向く環境を
鏡の前に子ども一人ひとり専用の櫛を配置しています。手洗いなどのときに自分で気がついて整えられるように工夫し、子どもが身だしなみを整える姿が見られたらすかさずほめます。

☑ 事情があるのかも
家庭に何らかの事情があるのかもしれないと考え、折を見て、「何か困っていることはありませんか」と尋ねるようにしています。汚れだけでなく、体の状態なども丁寧に観察し、深刻な事態の場合は、園長や巡回の専門家に相談します。

「要求するだけ」はNG

何らかの理由があるのかもしれません。背景を知ろうとせずに「洗ってください」などと要求だけを押しつけるのは避けましょう。

Point　何かのサインととらえる

　爪の切り忘れや持ち物の汚れが一過性ならば、保護者のうっかりである場合を想定します。そんなときは、できるだけ保護者自身が気づいて対応できるように、さりげなく伝えましょう。直接「爪を切ってきてください」と言うと、保育者に叱られたと受け止める保護者もいます。
　常に汚れた服を着ていたり、髪や爪のケアが行き届かなかったりする場合は、家庭に何か事情があるというサインかもしれません。特別な支援を必要としている可能性も視野に入れ、園長や先輩保育者に相談しながら慎重に対応します。

清潔における発達と援助

発達 / 援助

2歳前半

発達
- 一人で手を洗おうとするが、まだ水跳ねや石けんで汚す。
- ぶくぶくうがいをしようとするが、飲み込むことがある。
- 汚れや鼻水に気づかず、遊び続ける。

援助
- 一人で手を洗おうとするので、身長に合った高さの洗面台や、踏み台を用意する。
- 最初は口に水を含んで出すだけから慣れさせる。
- 鏡を見せて汚れに気づかせ、清潔の意識を育む。

2歳後半

発達
- ぶくぶくうがいができる。
- 汚れや鼻水に気づくと、「ふいて」と言いにきたり、袖でふいたりする。

援助
- うまくできない子どもには、「口の中のお水を、ほっぺたの片方ずつ動かすよ」と伝える。
- 自分できれいにしたことを認め、紙でふくともっとうまくいくと伝える。

発達	援助
・ガラガラうがいができる。	・ガラガラうがいが難しい子どもには、水を口に入れて上を向き、あーと言ってみようと伝える。
・手洗いの必要性を理解し、自分でやろうとする。	
・鼻水や汚れに気づくと、紙を使って自分でとろうとする。	・「きれいになったね」と認め、正しい鼻水かみの方法を伝える。
・他の子どもの汚れをとったり、教えたりする。	
・丁寧に手を洗う意識が芽生える。	・正しい手順で丁寧に手を洗うことを伝え、きれいになった手を見せ合ったり、においをかいだりして清潔の心地よさを感じられるように援助する。
・手洗い・うがいなどの習慣が定着するが、雑さも出てくる。	

清潔の環境のポイント

　自分の体を清潔に保ち身のまわりを整える力は、一朝一夕には身につきません。汚れたらきれいにするという経験を積み重ね、清潔を快いと思える言葉を大人から繰り返し伝えられることで、徐々に獲得していきます。清潔の発達は、排泄や食事以上に個人差があります。クラス全体で清潔の意識を共有できるよう援助しましょう。

　これまでは大人がしてくれたことを自分でするためには、「やってみよう」と思える環境が必要です。子どもの目線に立って、どのような環境ならば子どもが自ら動こうとするのかを考えましょう。

第 3 章

コミュニケーション

けんかがはじまった！

おもちゃの取り合いや順番待ちなどからけんかになったとき、仲裁に入りますが、子どもたちだけで解決させるほうがよかったかもしれないと後から悔やむことが多いです。いつもこれでよかったのかなと自信がもてません。

🐻 口げんか、見守っていていい？

口げんかなら、ケガをするわけじゃないので、見守っていいのか迷います。見守ってもケガをしてしまったらと心配で、ついつい仲裁に入ってしまいます。

🐻 二人の言い分が違うとき

目を離した際にけんかをしていました。二人の言い分が違う場合、様子を見ていないので、どうしていいかわからなくなります。

🐻 仲裁に入るタイミングがわからない

けんかになったとき、仲裁に入るタイミングがわかりません。

先輩からのアドバイス

☑ とことん言い分をぶつけ合う

勝敗や正解は求めていないので、とことん互いの言い分をぶつけさせます。全員が納得する解決方法があればよいですが、常にあるわけではありません。ときには「みんなの言い分はわかりました。今日は先生が決めます！」と、保育者が結論を出してもよいでしょう。

☑ 力関係を見極めて

2歳児は言葉の発達に個人差が大きく、言葉が達者な子どもばかりが自分の思いを通すことも多くなります。言葉で自己表現が苦手な子どもには、代弁するようにします。

☑ アフターケアこそ大事

おもちゃの取り合いになったときには我慢したり妥協したりする子どもがいるので、そういう子どものアフターケアを大事にしています。新しいおもちゃを渡したり、「我慢してえらいね！」とほめたりします。

「正誤を決める」はNG ✕

「〇〇ちゃんが正しい、××ちゃんは間違っている」と裁くのは不適切です。互いの思いに気づき合えるような援助を心がけます。

Point　トラブルこそ、言葉の発達を育むチャンス

　2歳児クラスは、1歳児クラスのようなシンプルな取り合いではなく、トラブルの内容も複雑になって、仲裁も難しくなります。言葉でのやりとりも増えますが、まだ個人差も大きいので、保育者は上手に仲介しながら、お互いに思いを十分に伝えあうことを目指してください。

　言葉での自己表現が難しい子どもには保育者が代弁をしますが、代弁のしすぎにも注意が必要です。「かして」「いやだ」などが自分で言えるよう励ますのも、必要な援助です。

友達とかかわろうとしない

一人遊びが好きなのか、いつも一人で遊んでいるMちゃん。周りの子どもも、少しずつ一緒に何かをする楽しさを感じながら遊ぶようになったので、いつもぽつんと一人でいるMちゃんが心配です。

🐻 無口な子、何を考えているかわからない

「一緒に遊ぶ？」と聞いても、あまり意思表示をしない子どもがいます。もともと無口で一人でいたい性格の子どもなのか、本当は友達と遊びたいのかわかりません。

🐻 他人に攻撃的

他の子どもが近寄ってくると、「来るな！」と言ったり、押したりする子どもがいます。

🐻 周りに関心を示さない

友達や周りのことに関心をもたない子どもには、どう接するのがいいですか。今のうちから周囲の子どもと接して、関係を築けるようになってほしいのですが、伝え方がわかりません。

先輩からのアドバイス

☑ 一概に言えない

一人でいることが多い理由は、月齢が低い、集中力が高くて周りが目に入らない、入園したてで緊張しているなど、さまざまだと思います。ですから一人ひとりの理由を探るようにしています。

☑ 安心して一人遊びができる環境

攻撃的な子どもは、他の子どもにおもちゃを取られるのではないかなどと不安に思うのかもしれません。その子どもが今日使うおもちゃにシールを貼るなどして、テリトリーが見てわかるように工夫します。

☑ 関心を示したタイミングを捉える

一人で遊んでいるように見える子どもでも、他の子どもを見たり、他の子どもがやっている遊びを別の場でやっているという姿があります。そのタイミングを捉えて、子ども同士をつなげる言葉をかけます。

☑ 「見守っているよ」のサイン

一人で集中して遊んでいる場合は、声をかけません。でも目線を上げたときに「見ているよ」と子どもに伝わるように、常に目と心を配っています。

Point **その子なりの関心のサインを読み取って**

1歳児のときに十分に一人遊びを楽しむ経験を重ねた子どもは、2歳代に入ると周囲の友達に自然に関心が向きます。まだやり取りは少なくても、並んで同じ遊びをし、一緒が楽しいという姿が増えてくるころです。

もちろん、2歳になっても一人遊びが好きな子どももいて当然です。他の子どもがいなくなってからその子どもがいた場所で遊び始めるなど、関心のもち方はさまざまです。保育者はそんなサインを捉えて、子ども同士をつなげる言葉をかけましょう。

子どもが指示を聞かない

一番年下の保育者だということをわかっているのか、私の指示を聞いてもらえません。先輩が指示を出すと、すぐに動きます。自分は保育者と認めてもらえていないようで、落ち込みます。

🐻 ○○先生がいい！
特定の保育者を気に入っていて、かかわりにくさを感じます。私も仲よくなりたいとは思うのですが、近づくといやがられるので、距離を保って接したほうがよいかと悩みます。

🐻 態度を変える
この保育者の言うことは聞く、この保育者の言うことは聞かないというように、態度を変えられています。私の言うことも聞いてほしいのですが、どう伝えればよいか悩みます。

🐻 騒がれてしまう

他の保育者がいるとおとなしくしているのに、私一人になると急に騒ぎ出します。

☑ 指示の出し方を見直す

2歳児は保育者を馬鹿にしたり、悪気があったりで言うことをきかないということはありません。指示がわかりにくかったり、注目が集まりにくかったりするのかもしれません。例えば「みんな」という呼びかけは、自分に向けられた言葉として受け止めにくいです。伝え方を工夫してみましょう。

☑ 堂々と！

小さな声、定まらない視線など、自信のない態度では、子どもは戸惑いどうしたらいいかわからなくなってしまいます。堂々と胸を張り、短くわかりやすい言葉で、滑舌よくしゃべることを意識します。

☑ 注目の集め方を工夫

目新しい手遊びをやってみる、パペットを使ってみるなど、視覚的教材の力を借りて注目を集めます。子どもの視線がこちらに向いてから指示を出すと、伝わりやすくなります。

☑ 好きな保育者を使う

その子どもが特定の保育者を好きだとわかっているなら、「〇〇先生にかっこいいところ、見てもらおう」と声をかけるのも有効です。

> **Point** 最初からうまくいく人はいません
>
> 保育者になりたてのころは、子どもが言うことを聞いてくれない、自信がなくなる、自分は保育者に向いてないのかも……という負の感情のスパイラルに陥り、ますます子どもに言葉が届かなくなってしまうことがあります。
>
> しかし、先輩たちも悩みながら経験を重ね、今の姿になったのです。新人のうちはうまくいかなくて当然です。まずは、先輩の姿を観察し、指示の出し方、伝え方を真似してみましょう。3か月後、6か月後、きっと嘘のように子どもたちは耳を傾けてくれるでしょう。

おもちゃの貸し借りが上手にできません

電車のおもちゃがお気に入りで、いつも遊んでいるAくん。友達が「貸して」と言っても、貸そうとしません。いつも使っているので、たまには貸してあげればいいのにと思うのですが。

🐻 友達に「貸して」と言えない

友達に「貸して」といえないCくん。おもちゃを見つめるばかりです。

🐻「ごめんね」が言えない

おもちゃの貸し借りでけんかに発展。どちらかが泣いても謝ろうとしません。お互い「ごめんね」を言えるようにしたいです。

🐻「順番」がわからない

「順番に使おう」と提案しても、わからず、必ずけんかになってしまいます。仲よく遊んでほしいのですが、どうすれば「順番」を理解できるのでしょうか。

先輩からのアドバイス

☑ 貸したくない気持ちを尊重
子どもにとって特別な思い入れがあるおもちゃは、簡単に貸すことはできません。その気持ちをまずは尊重します。

☑ 「貸して」を言うサポート
言いたいのに言えない場合は、保育者が一緒に「貸して」を言いに行きます。できるだけ、子ども本人が言葉にできるようにサポートします。

たいせつなの…

☑ 意地になっていることも
お互いに意地の張り合いになり、素直になれない場合もあります。そんなときは、少し時間をおいてからもう一度話し合います。「順番」という言葉は子どもには理解しにくいので、そのときは「Mくんの次に、Aちゃんが使おう」などとわかりやすい言葉で、具体的に伝えます。

「言わせるだけ」はNG❌

子どもに「貸して」「どうぞ」「ごめんね」「いいよ」を言わせるだけでは、子どもの中に納得できない思いが残ってしまいます。

Point 心のやりとりを大切に

　Aくんにとっては、お気に入りの電車のおもちゃが、保育園生活における安心の基地なのかもしれません。そうだとしたら、簡単に人に貸せないのは当然です。保育者は、その子どもはなぜ貸したくないのか、背後の思いを読み取り、友達に伝える手伝いをしましょう。

　「かして」「いいよ」といったパターン化された言葉のやり取りは、子どもの育ちにつながりません。大切なのは「貸し借りができる」ということではなく、「お互いの思いを伝え合い、理解し合う」ことだということを、忘れないようにしましょう。

話しかけても目を合わせない

話しかけても、なかなか目が合わないAちゃん。保育者の呼びかけに反応が薄く、一人で黙々と積み木遊びをしています。言葉も遅いし、発達に問題があるのではと心配です。早く保護者に伝えたほうがいいのか、見守っていいのか悩んでいます。

ある!! ある!!

🐻 名前を呼んでも、反応が薄い
保育者が名前を呼んでも、3回のうち2回は反応がありません。他の子どもに興味をもつ様子もありません。何か障がいがあるのか心配です。

🐻 こだわりが強いと感じられる
数字のついたブロックを延々と並べて遊んでいます。一つでも数がつながらないと、パニックのようになって、手が付けられなくなります。

🐻 うろうろ歩きまわる
絵本の読み聞かせのとき、他の子どもはじっと座っているようになったのに、Mくんだけがうろうろと歩きまわります。食事中にも立ち歩いています。

先輩からのアドバイス

☑ 集中しているだけかも

聴覚の問題も考えられますが、ただ集中しているだけかもしれません。決めつけず、多方面から考えます。

☑ 発達の速度はそれぞれ

1歳児クラスなら、みんな立ち歩いていましたよね。Mくんはちょっと発達がゆっくりなだけかもしれません。

☑ こだわりは2歳児の特徴

2歳児には、多かれ少なかれこだわりはあるので、まずは見守ります。そして、他にどんなときにパニックになるのかを観察して記録します。ブロック以外でこだわる要因があれば、それを尊重し、落ち着いて生活できる環境を整えます。

「気になる子と呼ぶ」はNG ✕

近年、発達障がい一歩手前の子どもを広く示す「気になる子」という呼び方が定着しています。安易にこの用語を使うと、見方が固定される危険があります。

Point　時間をかけて、複数の目で観察

　視線が合わない、コミュニケーションをとりにくい、などは、3歳未満児クラスで気になる点です。「時間をかけた観察」をしましょう。どんなときに目が合わないのか観察してください。そして、1か月後、2か月後はどうなっているか、長い目で観察します。

　もう一つ大切なのは、「複数の目で見る」こと。漠然とした「気になる」という言葉ではなく、「Aちゃんとなかなか目が合わないのが気になります」と何が気になる点かを明確にし、先輩や園長などと一緒に考えましょう。

コミュニケーションにおける発達と援助

	発達	援助
2歳前半	・自分のもの、自分の場所へのこだわりが出る。 ・取り合いなどの際、別のおもちゃを代わりに差し出すなど、他の子どもと交渉しようとする。 ・新しいことに挑戦しようとするが、自信がなく躊躇(ちゅうちょ)することがある。 ・自分の意図が通らないと大泣きする。	・こだわりを認める。 ・子ども同士の仲立ちをする場合、子どもの気持ちを代弁し、橋渡しをする。 ・優しく見守り、できたときには「できたね！」としっかり認める。 ・その子どもの意図を言葉で十分に受け止め共感する。そのうえで気持ちを立て直すきっかけを与える。
2歳後半	・大人が仲立ちとなることで、簡単なごっこ遊びを楽しむ。 ・自分から挨拶をしようとする。 ・順番や交代という概念を理解する。 ・「いけない」ことはやってはいけないと理解するが、なかなか行動が伴わない。	・皆が満足できるようにごっこ遊びの材料の数をそろえておく。 ・「○○ちゃんの次に△△くんが遊べるよ」など、子どもが見通しがもてるように援助する。 ・いけないとわかっているのにやってしまうという2歳児の特徴を理解し、後悔して傷つく子どもを安易に叱責(しっせき)しない。

歳

発達

- 友達に関心をもち、気の合う友達が決まってくる。
- 自分の思いが通らない経験を通して、譲り合いや思いやり、自己コントロールの力をつける。

- 人の役に立つことを喜ぶ。

- 並行遊びが多くなる。

- 簡単な遊びのルールが理解できる。
- 生活面での自立がすすむものの、甘えたい気持ちも同居する。

- 言葉で自己主張ができる子どもと、黙ってしまう子どもがいる。

援助

- 子ども同士の思いを代弁しつつ、自分で「いやだった」「欲しかった」と言葉で言えるよう援助する。

- 簡単な当番や保育者の手伝いを頼み、自尊心を育む。
- やりとりはなくても同じ場所で同じ遊びに取り組めるよう、おもちゃや道具をそろえておく。
- しっぽ取りゲームなど、簡単なゲームを活動に取り入れる。
- ときには抱っこしたり、保育者と一対一で遊んだりして、甘えの気持ちを満たす。
- 子ども同士のやりとりの際は、言葉の発達が進んでいる子どもの思いが通ることが多いので、しゃべらない子どもの思いも橋渡ししつつ、自分の気持ちを伝えるよう励ます。

子ども同士のやりとりを仲立ちする

エピソード　**2歳児クラス11月**　ユウト3歳3か月　　ケン2歳9か月

　　保育園の秋祭り。楽しいお祭りが終わり、保育者や保護者は園庭の片づけを始めました。子どもたちは思い思いに遊んでいます。2歳児クラスのユウトくんは、大きな網を持ち出して、先ほどまでお芋を煮ていたかまどにのせました。ケンくんはかまどの周りで何か拾っていましたが、ユウトくんの動きを見て、その網をはずしました。ユウト君は無言で再び網をのせ、その上にレンガを一つ置くと、バシャっと水をかけました。ケンくんは「ちがう」と言い、ユウトくんは「ちがわないよ」と返し、二人で網の取り合いになりました。その網がケンくんの顔にぶつかった途端、ケンくんはユウトくんにつかみかかりました。

〈保育者のかかわり〉
　　つかみ合いになったところで、それまで見守っていた保育者は仲裁に入りました。「どうしたの？」と聞いても無言の二人。保育者はケンくんに、「何が違う、って思ったの？」と尋ねました。ケンくんは「もうおわりだから…」と答えます。今度はユウトくんに「ユウトくんは、何がちがわないと思ったの？」と尋ねると、「やくの！　これで！」と網を指して言うのです。
　　そこで保育者は、「ケンくん、ユウトくんは、お芋を焼こうとしていたんだって。ユウトくん、ケンくんはお片づけしなくちゃ、って思ったんだって。ユウトくんは、お芋を一回焼いたらお片づけできるかな？　ケンくん、待っててあげられる？」と声をかけました。

【ポイント】
　　保育者は、単なる網の取り合いではなく、それぞれに理由があったと考え、お互いの気持ちを引き出しています。しかし、「どうしたの？」という問いでは漠然としすぎていて、3歳児には答えることができなかったため、子どもの発言を手がかりに、答えやすい問いにして投げかけています。そしてお互いに考えていたことが異なることに気づかせ、納得しあえるように援助をしました。

第 4 章

遊び

力まかせにパンチやキックをする

Bくんはテレビのヒーローものが大好き。他の子どもと遊んでいるうちに、パンチやキックをしてしまいます。力まかせにするので、危なくて目が離せません。戦いごっこには、ルールをつくったほうがいいのでしょうか。

ある!! ある!!

🐻 気づいたら突き飛ばした

仲よく遊んでいると思ったのに、目を離した瞬間、気づいたら突き飛ばしていました。突き飛ばされた子どもも、突き飛ばしてしまった子どもも泣き、大変でした。

🐻 やんちゃな子ども、どう気をつける？

いつも元気に動きまわるCくん。ケガをしないか、友達にケガをさせないか心配です。

🐻 動きが速くて、目が離せない

こちらがついていけないほど動きが速い子どもがいて、危なっかしくて目が離せません。他の子どもも気にかけたいのですが余裕がないです。どうやって動きを止めたらよいのでしょうか。

先輩からのアドバイス

☑ ビームや○○波に
まだ力加減がわからないので、直接身体への接触を伴わない技をさりげなく導入。かっこいいポーズがウケたのか、パンチ・キックの回数が減りました。

☑ みんなで楽しむというルール
２歳児クラスでは、みんなで楽しさを共有する大切さを伝えています。「お友達が痛い顔をしないように遊ぼう」というルールを設け、戦いごっこに限らず、痛そうな顔をする子どもがいたら介入します。

☑ 武器はなし、のルール
戦いごっこそのものを禁止するほうが、安全面を考えると手っ取り早い気もしますが、楽しい遊びを丸ごと奪うのは子どもも納得しません。結局、他の場面でストレスが噴出して荒れてしまいます。そこで、戦いごっこのときに武器は使わないというルールをつくり、エネルギーの発散の場を確保しています。

☑ 子どもが密集しないように
動きが速い子どもの行動をコントロールしようと押さえつけると、かえって逆効果。ただし狭い空間にいると危険なので、ホールや園庭を最大限に利用します。思いっ切り体を動かすことで、他の場面では落ち着いて動けるようになります。

Point 遊びの中で力の加減を学ぶ

　子どもたちは戦いごっこなどの遊びの中で、お互いにこれ以上は痛い、ここまでは大丈夫、というラインを模索しているので、何でも禁止しては学びの機会を失います。

　子どもは、痛くて泣いた、やりすぎて友だちを泣かせたという小さな経験を重ねて、自分の行動をコントロールする力を身につけます。友達がいやがったらやめるなど、簡単なルールを設け、相手の様子に注意を払いながら遊べるよう援助しましょう。

遊びの準備が、ゆううつです

週1回クラスリーダーを務めますが、どんな遊びを設定すればいいのか、いつもゆううつです。集団遊びをしても全く盛り上がらなかったり、逆に盛り上がりすぎて収拾がつかなくなったり……。私自身が遊びを楽しめません。

🐻 同じ遊びの繰り返し
子どもの様子を見ながらさまざまな遊びに挑戦したいと思っても、2、3種類の遊びの繰り返しになってしまいます。子どもたちが飽きないか心配です。

🐻 先輩にも指示を出さなければ
リーダー週は先輩たちにも指示を出さなくてはいけないので、気をつかいます。

🐻 子どもを目の前にして、頭が真っ白に
初めてリーダーをやったときは、やることを整理して自分なりに準備をしたつもりでしたが、いざ子どもの前に立つと緊張して、頭が真っ白になってしまいました。

先輩からのアドバイス

☑ 最初は真似っこ
最初のころは、自分で考えてもわからないので、先輩がやった遊びを少しアレンジして真似していました。誰でも最初は新人です。「真似はダメ！」と叱る先輩はいないと思います。

☑ 繰り返しでもいい
子どもたちが楽しくて、もう一度やりたい！という気持ちがあるなら、何度でも繰り返します。同じ遊びの繰り返しが悪いとは思いません。

☑ 事前にお願いする
その場の指示だと言葉に気を使う余裕もないので、先輩に指示をするときは「お願いします」という姿勢で事前に行います。

☑ 発達を考慮に入れた遊びを
いまいち盛り上がらないときは、子どもの発達に合っていない可能性も。異なる発達段階でも一人ひとりが楽しめる遊びを考えます。

Point　遊びではなく、環境や素材の提供を

　2歳児クラスの一斉活動では、「こうして」「ああして」という活動の提案ではなく、おもちゃや素材といった環境の提案が基本となります。みんなで一緒に一つのことをしようとすると、盛り上がりに差が出ますが、環境を提案するという視点で臨めばその心配もありません。

　新聞紙や小麦粉粘土、たくさんのボールや自然素材、廃材などは2歳児には取り入れやすい素材です。ただし、材料さえ用意すればよいのではありません。子どもの活動を想定し、子どもが使ってみたい道具や環境設定も同時に提供します。

外遊びは、安全確保ばかり気になる

外遊びのときケガをしないか、子どもの安全が気になって、一緒に遊ぶことができません。先輩に「もっと楽しんで」と言われるのですが……。

🐻 すべてが危険に見える

外遊びのときに目に入るすべてのものが危険に見えます。さまざまなものに触れることが大切なのはわかっているのに、心配で子どもから遠ざけたくなります。

🐻 遊びと安全確保、難しいです……

外遊びになると、実習生のときのように見守り優先になってしまいます。遊びながら、安全確保に気を配るコツはありますか。

🐻 いろいろあって、頭がいっぱいに

意味のある遊びもしなくてはならないし、安全も確保しないといけないと思うと頭がいっぱいになります。

先輩からのアドバイス

☑ 危険を予測
「今のこの子どもたちだと、こんな行動が危ない」など、ある程度事前に予測を立てています。保育者同士で連携をとり、こんな行動がみられたら対応すると、役割を決めているので、対応役でない場合は遊びに集中できます。

☑ 子どもと一緒に考える
子どもには、安全を守るために自分で考えて行動する力を身につけてほしいと考えます。そこで、外遊びの前に「ブランコに乗るときは何に気をつける？」などと、子どもと一緒に考える時間をつくっています。

☑ 危険ポイントに注意シール
子どもが目で見てわかるように、危険な場所にはシールを貼っています。保育者がすべて見張るよりも、子どもが自分で危険を回避する力を身につけられます。

☑ エリアを分割
他の保育者と、見守りの範囲をゆるやかに決めて分割しています。すべてに注意を払うより、余裕ができて丁寧に見られます。

Point 「安全に遊ぶ力」を育む

　好奇心旺盛な2歳児は、活動範囲が広がる分、目が離せなくなります。この時期は、子ども自身が自分の安全を守る力を育成するというスタンスに援助を変えていかなければなりません。子どもが自分で考え、安全に遊ぶ力を身につけていくような援助を心がけましょう。

　とはいえ、まだ子どもだけでは危険を避けられません。外遊びの環境を事前にチェックし、「ここではこういうことが起こりそうだ」と、予測を立てておきましょう。全方位に注意を払うよりも、子どもと遊びを楽しむ余裕が出てきます。

絵本の読み聞かせがうまくできない

先輩がやると、お話の世界に引き込まれるのか、集中して絵本に見入っているのですが、私がやると、指を差したり、声を出したり、歩き回ったりして、集中してくれません。

🐻 絵を楽しめない

一人で絵本を読むときに字ばかりを追って、絵を楽しめていないようです。絵と一緒に読むことで想像力をふくらませて楽しんでほしいのですが……。

🐻 集中できない子、注意する？

他の子どもが集中しているときに、声を出したり、歩き回ったりする子どもは、注意したほうがいいですか？その子どもなりの楽しみ方なのかもしれませんが、静かに集中している子どもがかわいそうです。

🐻 恥ずかしくて感情を込められない

感情を込めて読むのが何となくはずかしくて、先輩みたいに読むことができません。

先輩からのアドバイス

☑ 自分なりの読み方に自信を
私も感情を込めません。いろいろな読み聞かせ方があってよいと思うので、まずは自信をもつことが大切。表情豊かに読むと楽しい絵本もあれば、淡々と読むほうがしっくりくる絵本もあるので、絵本の選択もよく考えます。

☑ 上手な人の技を真似る
素敵な読み聞かせをしている先輩保育者をじっくり観察。表情のつけ方、声のトーン、読むスピードと間の取り方……。同じ本を、真似して読んでみます。

☑ 環境の工夫
絵本以外に関心が向かないよう、絵本の背景には飾りやおもちゃなどがないようにします。また、ござやマットなどを敷き、ここは絵本を読む場所と一目で見てわかりやすくすることで、子どもも絵本に集中します。

☑ 個別に絵本の魅力を伝える
座っていられない子どもには、別の時間に1対1で。絵本が面白いと思えると、座っていられる時間が長くなります。

Point　環境や絵本の選択を見直して

　読み聞かせのときに立ち上がるのは、興味をもっているサインかもしれません。2歳児は、座ってじっと聞くという文化を身につけるための準備期間ですから、その子どもなりの反応をポジティブに捉えましょう。

　絵本以外に注意が向くと思ったら、環境や絵本の選択を見直します。読み聞かせ用の小さなラグを敷くと、「この上では静かに座って聞く」ということを視覚的に伝えられます。最初は動物や乗り物、生活で使うものなど親しみやすいものを題材にした、短めの物語から始めましょう。

遊びのレパートリーが増やせない

遊びの中で運動面を伸ばしたい、友達とのかかわりや言葉を育みたいと思うのですが、遊びのレパートリーや展開が少なくて、うまく発展させられません。

🐻 室内遊びや外遊びがマンネリに

ねらいをもった遊びをしたいと思うのに工夫やアイデアの引き出しが少なく、室内遊びや外遊びが結局いつも同じになります。同じ遊びでも子どもが楽しそうなので、いきなり違う遊びをするのも、と思って勇気が出ません。

🐻 毎日同じことをしたがる

毎日同じ遊びをしたがる子どもがいます。違う遊びをしようとすると、泣いていやがります。

🐻 月齢差が大きい

子どもの月齢差が大きくて、同じ遊びができません。月齢が小さい子どもに合わせた遊びにすると、月齢が大きい子どもが飽きてしまい、大きい子どもに合わせるとケガをしそうで心配です。

先輩からのアドバイス

☑ 過去の指導計画を参考にする
過去の同学年の指導計画や記録を読み、この時期にはこの遊びがよさそうという参考にしています。保育雑誌も読んでいますが、園で使える道具や設備を十分に活用しているのが過去の指導計画ですから、これに勝るネタ本はありません。

☑ 子どもを観察
「新しい遊びをしなくては」ではなく、子どもの姿の中から次の活動のアイデアを探します。ねらいは保育者主導ではなく、子どもの遊びや生活の中から自然に生まれてくるものだと思います。

☑ 保育雑誌やネットでネタ探し
常に情報収集に努め、新しい遊びや活動のネタを探しています。

☑ 視点をかえてみる
毎日積み木で同じではなく、積み木をどのように積んでいるか、友達と貸し借りがスムーズかなどを見ています。そうすることで、「毎日同じ遊び」とは捉えられなくなり、次の遊びのアイデアもわいてきます。

Point　情報収集と記録を

　誰でも初めてクラスをもつときは、レパートリーゼロから始まります。そこからどれだけ増やせるか、広げるかには、やはりコツがあります。受け身でいたら数は増えないので、書籍、インターネット、研修会、先輩に聞くなど、自分なりの情報収集の方法を見つけましょう。よさそうだなと思ったらノートにメモして、実際に遊んでみたときの子どもの反応や援助の留意点なども簡単に記録しておきます。何年か続けることで、あなただけの貴重なネタ帳が出来上がることでしょう。

遊んだらお片づけ、を学んでほしい

遊びの中で、ルールだけでなく、おもちゃを順番に使うことや、片づけることなどを学んでほしいのですが、なかなかうまくいきません。

🐻 順番が待てない

お気に入りのおもちゃがあり、他の子どもがそのおもちゃで遊んでいると、使う順番が待てずに大泣きします。

🐻 片づけられない

「積み木はここ」と伝えても、遊ぶことに夢中で片づけません。一度一緒に片づけたのですが、なかなか習慣になりません。継続してお片づけをするためには、どう伝えればよいでしょうか。

🐻 友達を押しのけ、自分の主張を通す

まだ順番に待つことが難しいのか、友達を押しのけて自分のしたいようにする子どもがいます。力の加減もまだできないので、押しのけられた子どもは驚いてしまいました。少しずつでも約束事を教えたいです。

先輩からのアドバイス

☑ 「じゅんばん」は難しい

2歳代で、「順番」という言葉をいきなり理解するのは難しいです。「○○ちゃんが使ったら、その後Nくんが使えるよ」など、具体的でわかりやすい言葉を選んで伝えます。

☑ 遊びの延長で

「くまさんがねんねするところは、どこかな～？」「積み木さんがおうちに帰りたいって」などと、子どもが想像を膨らませて楽しく片づけができるように心がけています。片づける棚にはおもちゃの写真を貼り、目で見て子どもがわかりやすいように工夫しています。

☑ 発達を見て、援助を変える

ゆったりと発達している子どもは、まだ一人遊びが必要な時期かもしれません。無理に順番を教えるのではなく、その子どもの気がすむまで遊べる環境やおもちゃの数を用意します。

「笛が鳴ったら片づけ」はNG✕

ベルやブザー、太鼓を鳴らして片づけの時間を知らせるのは動物の調教のようで、保育ではふさわしくありません。何のために片づけるのか、次には何があるのかを伝えましょう。

Point　自分から片づけたいと思える工夫を

　2、3歳児は自己コントロールの発達に大きな差が見られます。全員に一律で遊びのルールを伝えるのは難しいので、順に働きかけましょう。一部の子どもにルールが浸透すると、周りの子どもがつられて動くこともあります。

　また、この時期は「お片づけしなさい」と言われると反発するので、自分から片づけをしたいと思える工夫が必要です。「片づけたら次はこんな楽しいことが待っている」と、次の活動への見通しをもたせると、子どもが自分から動くきっかけになるでしょう。

保育者としか遊ばない子ども

祖父母と暮らしているせいか、子ども同士で遊ばず、保育者とだけ遊びたがる子どもがいます。友達と遊べるようにするには、どうすればいいですか。

🐻 一人でいたい
一人で遊ぶのを好み、「みんなで遊ぼう」と誘っても「イヤ！」と言って逃げてしまいます。

🐻 自分から遊ばない
保育者に話しかけてばかりで、自分で遊んだり、友達と遊んだりしない子どもがいます。自発的に動いてほしいと思う反面、まだ甘えたい時期かもしれないとも思うので、どう声をかければよいか悩みます。

🐻 大人が遊んでくれるのを、待っている
園では保育者が他の子どもと遊んでいると一人でボーッとしています。家でも自分からは遊ばず、大人が遊んでくれるのを待っているそうです。どう対応すればよいのでしょうか。

先輩からのアドバイス

☑ まだ心配する必要なし！
大人としか遊べない子ども、遊ばない子どもは、4、5歳児でもいます。発達的なことと、環境面の要因がありますが、2歳児ならまだ心配する必要はありません。

☑ 保育者が仲立ちに
子ども同士で遊んでいるところに、「Rちゃんと先生も入れて！」と、一緒に入ります。友達と遊ぼうとしないのは、どうしたら一緒に遊べるかわからないだけかもしれません。

☑ 得意なところをクローズアップ
友達と遊ばない子どもの得意なところを見つけて、他の子どもに広めます。自分から友達の輪に入るのが苦手でも、友達が集まって来たらうれしいでしょう。

☑ 保育者がじっくり1対1で遊ぶ
友達の輪に入りたいのに入れない子どもは、「入れて」などの言葉のやり取りがスムーズにできるように援助します。まだ保育者といたい子どもは強要せず、保育者が1対1でじっくり遊びます。

Point 「心の安全基地」を確立する

　乳児期に育まれる「基本的信頼感」は、保護者など身近な大人をベースに、祖父母やきょうだい、保育者へと徐々にその輪を広げていきます。保育者を「心の安全基地」にできれば、子どもは自分から保育者を離れて外の世界に飛び出します。
　「離れられない」ということは、その子どもの中で保育者がまだ「安全基地」として確立されていないということでしょう。ですから、まずは1対1でじっくりかかわり、安心感をもたせます。そのうえで、保育者が仲介者となり、他の子どもとの関係をつないでいきましょう。

遊びにおける発達と援助

	発達	援助
2歳前半	・粘土や泥遊びを楽しむ。 ・積み木を積んだり並べたりすることを、動物園などとイメージをもって行うようになる。 ・ままごと遊びでは、イメージをふくらませ、動きのバリエーションが増える。	・触ると形が変わる素材で子どもの有能感を育む。 ・動物積み木などイメージがふくらむおもちゃを用意する。 ・「焼きそばをつくる」「ケーキをつくる」などイメージが具体的になるような道具や材料を用意する。
2歳後半	・閉じた丸を描き、意味づけをする。 ・新聞紙をちぎったり、丸めたりして遊ぶ。 ・ごっこ遊びでは、衣装や道具からイメージをふくらませ、友達と共有する。	・好きなときにお絵描きができるスペースを確保する。 ・いつでも手に取れるところに新聞紙を用意しておく。 ・ごっこ遊びの衣装や道具は実際に大人が使っているのと近いものを用意する。

3歳

発達

・粘土遊びでは、手先を使って細く長い形、小さな丸、平たい形などさまざまな形を作る。

・目標に向かって真っすぐボールを投げる。

・ごっこ遊びが発展し、子ども同士でイメージをふくらませて遊ぶ。

・「頭足人」を描く。

・テープ、はさみなどの道具を使い始める。

援助

・柔らかく形成しやすい粘土を使用する。必要に応じてヘラなどの道具を投入すると、作品の幅が広がる。

・的当てゲームや転がしサッカーなど、簡単なルールのある遊びを取り入れる。

・子どもの「マントがほしい」「帽子をつくりたい」などの要望には、できるだけ応える。

・自分の経験や想像したことを描いたら、子どもの言葉を記録し、作品の裏にメモをしておく。作品の表には書かない。

・安全に配慮しながら、保育者の目の届く場所で使用させる。

イメージや指先の巧緻性を育む室内環境

◆ ごっこ遊びコーナー

単に料理の仕草を模倣していた1歳児とは異なり、「焼きそばをつくる」「ケーキをつくる」などイメージが具体的になるので、それを具現化する道具や材料を用意しましょう。3歳近くなると、衣装や道具からイメージをふくらませて友達と共有するようになるので、リアルさを取り入れた環境を工夫します。

◆ 構成遊びコーナー

2歳から3歳にかけて、「動物園」「飛行場」などイメージを友達と共有して遊ぶようになります。平面を大きく使う構成遊びでは、「連合遊び」に発展しやすいです。子ども同士をつなげる言葉かけを意識するのと同時に、イメージをつなぐ動物積み木や乗り物積み木なども導入しましょう。

◆ 製作コーナー

粘土遊びでは、細く長い形、小さな丸、平たい形などさまざまな形を作るようになります。必要に応じてヘラなどの道具を投入すると、作品の幅が広がります。3歳半ばには、はさみなどの道具も使いはじめるので、安全に配慮しつつ、目の届く場所で使用させます。

◆ お絵描きコーナー

閉じた丸を描くようになり、それに「パパ」「ママ」と意味づけします。3歳半ばには、頭足人を描き始めます。自由な描画には情緒を安定させる作用もあるので、好きなときにお絵描きができるスペースと、道具や紙を確保しておきましょう。

◆ 絵本コーナー

低いソファや柔らかいクッションなどで、情緒を安定させて、くつろげる環境をつくります。絵本は表紙が子どもから見えるように並べ、月ごとに新しいものに入れ替えましょう。この時期には、小さく絵が描きこんである絵本は、探して発見する喜びが得られます。

運動機能を高める戸外遊び

◆ 走る

2歳後半からは、意識的に動きのバリエーションを増やしていきます。イメージどおりに体をコントロールする力がついてくるので、スタートからゴールまで、合図に合わせて走る遊びを取り入れましょう。はじめは、「ようい」で走り出してしまう子どもも、次第に「どん！」に合わせてスタートできるようになります。

◆ 登る

股関節を前後左右に広げる動きは、基礎的な運動能力の発達のためにも、たくさん経験させましょう。腰の位置より高く足をあげる動きを、遊びの中で取り入れてください。さまざまな種類の運動をすることで、筋力や敏捷性、持久力、バランス感覚、柔軟性などがバランスよく育ちます。

◆ ボール投げ

腕を振り上げ、頭の上から投げられるようになると、ボール投げも力強く方向も安定します。投げ入れるカゴは大きいものから始めて徐々に小さくすると、達成感と挑戦心が得られます。子どもが「やってみたい」と思える環境を園庭に用意しましょう。

◆ ぶら下がり

鉄棒をしっかり握って足をついたまま、斜めにぶら下がる遊びから始めます。腕の力だけでなく、お腹の力も必要です。斜めから体を起こす動きが簡単にできるようになったら、足を浮かせます。腕は伸ばしきらず、少し曲げておくと力が入ります。

◆ ジャンプ

片足ジャンプをしたり、ジャンプしながら前方へ進んだりできるようになり、しゃがんだ姿勢から勢いをつけて跳びあがることもできるようになります。両手をあげたまま跳ぶなど、ジャンプにほかの動作を組み合わせて、少し難しい動きにもチャレンジしましょう。

2歳児クラスの絵本の読み聞かせ

- 無理に座らせようとしない
- ゆっくり、はっきり読む
- 一人ひとりの目を見ながら
- やりとりを楽しむ
- 指さしなどの反応を受け止める

　集団での読み聞かせも楽しめるようになる2歳児クラス。無理にじっと座らせようとせず、手遊びや手袋シアターなどで子どもたちの関心を自然と絵本に向ける工夫をしましょう。読み終わった後は、絵本につながる遊びなどで余韻を楽しんでください。

✓ 絵本選びのポイント

- 「自分でやりたい」「やってみたい」気持ちを受けとめるような生活絵本
- 「次にこうなるかもしれない」と予測できる繰り返しパターンのある絵本
- 家族や友達など、身近な人たちを重ね合わせることができる絵本

第 5 章

季節と行事

春は、すべてが落ち着かない

新入園児は泣き、これまでいた子どもも、部屋が変わるせいか、何となく落ち着きません。今まで上手に遊べた子どもも何をしていいかわからないようです。

🐻 新入園児の受け入れでバタバタ
新入園児の預かりに時間がかかり、進級児は後回しになりました。不安そうに、私の後ろをついて回る子どもに対応できず心苦しいです。

🐻 怖がられてしまう
新しく担当になりましたが、慣れないせいか怖がられ、旧知の保育者のそばを離れません。

🐻 早く信頼関係をつくりたい
子どもも親も保育者も、すべてが初めてのせいで、全員が手探り状態です。早く信頼関係をつくりたいのですが……。

先輩からのアドバイス

☑ その場対応は避ける

朝の受け入れで、「○○ちゃんが来た！　あれして、これ伝えて……」とその場で対応しようとすると、バタバタになってしまいます。特に新入園児に対しては、事前に受け入れの仕方や保護者に伝えることをメモし準備しておきます。

☑ 前年度の担任と協力する

４月から担当が変わるというのは大人の都合です。子どもは「４月になったから、これからはこの先生と仲よくしよう」などとは思ってくれません。なじみのある保育者に懐く子どもの気持ちを理解しつつ、前任の保育者から情報を得ながら、一緒に楽しむ時間を増やします。

☑ 信頼関係を急がない

信頼関係は、一朝一夕に築けるものではなく、長い時間をかけて徐々に築かれていくものです。イヤイヤを含め、保育者は子どもが自己主張を素直にできるように、自分の好きな遊びを存分に楽しめるように援助します。

☑ ゆったりとした生活リズムを意識

春はできるだけいろいろなことを詰め込まず、ゆったりとした生活リズムを心がけます。活動や遊びも２歳児クラスに進級したからといって新しくてレベルの高いものを取り入れるのではなく、１歳児クラスで行っていたものをそのまま継続します。さまざまな変化がある中で、変わらないものがあるというのは安心感を生みます。

Point　「保育の三原則」に改めて立ち戻る

　進級し、一つお兄さんになった、お姉さんになったという実感で胸を膨らませている２歳児ですが、同時に新しい環境に対する不安も抱えています。まずは一人ひとりが安心して気持ちを表現し、保育者がそれを受け止めることからスタートしましょう。２歳児は大きく自我が育つ時期でもあります。子どもの表情や行動をよく観察して、子どもの思いを保育者が言葉にして返すことで、安心と信頼が育まれます。春の落ち着かない時期こそ、「受容」「応答」「共感」という保育の三原則に戻りましょう。

梅雨の時期、運動不足が心配

雨が続き、散歩に出かけることができません。2歳児は活発に活動する時期なので、運動不足で健康に影響があるのではないかと心配です。

ある!! ある!!

🐻 部屋が狭くてかわいそう

狭い部屋に一日中こもっていると、子どものストレスがたまるのではないかと思い、かわいそうになります。

🐻 ホールの取り合い

雨の日は、全学年が外に行けないので、いつもホールの取り合いです。結局、発言権が強い保育者のクラスがホールを独占することが多く、モヤモヤしています。

🐻 部屋がじめじめ

園舎が古いせいか、部屋に湿気がこもってにおいがします。除湿機を買ってほしい……。

先輩からのアドバイス

☑ ホールを有効に活用
広さのある遊戯室でボール遊びをしたり、追いかけっこやリズム遊びをしたりしています。他学年も一緒に使うので、お互いに譲り合いながら使っています。

☑ 保育室で体操
広さがないと運動が難しい0、1歳児に比べて、2歳児は他の子とうまく距離をとって動けるので、室内でも体操が可能です。子ども番組ではやっている体操を取り入れて、毎日汗をいっぱいかきながら身体を動かしています。

☑ 雨あがりを楽しみに
「雨でお外に行けない」と残念に思うからこそ、「雨あがった！」が、子どものわくわくや楽しい気持ちを生み出します。「早く雨があるといいな」と願いをこめて、てるてる坊主をつくって、歌も歌います。天気や季節を感じる経験を大切にした保育を心がけています。

☑ 雨ならではの活動を
カタツムリやてるてる坊主、虹やあじさいなど……。さまざまな梅雨の事象を取り入れた絵の読み聞かせを楽しんだり、そこから製作に発展させたりしています。

> **Point　グッと集中できる活動を**
>
> 　室内遊びが続いても、「今日は運動できなかった」とあまり神経質に考える必要はありません。手指を使った微細運動も、脳と身体を使う立派な運動です。この時期だからこそ、グッと集中できる製作などを取り入れてみましょう。雨あがりには戸外で思い切り身体を動かすことを楽しみに待ちながら、季節の変化を感じましょう。

第5章　季節と行事

水遊び、バシャバシャするだけでいい？

夏のプールでの水遊びのレパートリーがありません。子どもたちは水をバシャバシャかけあって楽しそうですが、もっと発達を促す活動にしなくていいのか不安です。

🐻 水着への着替えが難しい
少しずつ着脱も自分でできるようになりますが、水着はぴっちりしているので、脱ぐのも着るのも難しくて時間がかかります。

🐻 水が苦手
顔に水がかかるのがいやで、頑としてプールに入ろうとしない子どもがいます。

🐻 排泄に気をつかう
トイレトレーニングが途中の子どもも多いので、プールの中でおしっこをしないか心配です。

先輩からのアドバイス

☑ 着脱しやすい水着を
上下がつながった水着は、子どもが自分で脱ぎ着するのが難しいので、セパレートタイプのものを保護者に用意してもらいます。それでも濡れると難しいので、大人が援助します。

☑ 入りたくない子は無理強いしない
水に抵抗感がある子どもは、「足だけ入れてみる？」「バケツにお水を入れて、こっちで遊んでみる？」などと、無理のない範囲で誘います。無理強いするとトラウマになってしまいます。顔に水がかかるのを嫌がる子どもには、タオルを持たせると安心するようです。

☑ 排泄の自立のチャンス
「プールでおしっこ出ないように、先にトイレに行こうね」と、水遊び前の排泄を促します。理由がわかりやすいので、かえってトイレトレーニングが進みやすいです。

「遊びよりも発達を優先」はNG

子どもにとっては楽しい活動であることが第一ですから、発達を考えすぎて、子どもの気持ちにそぐわない活動を無理に組み込まないようにしましょう。

Point　子どもの楽しさを第一に考える

　水遊びを保育に取り入れる第一の意図は、開放的な気分で夏ならではの活動を楽しむことです。ですから、子どもたちが楽しそうにしていればOK。そのうえで、遊びがマンネリ化してきたと思ったら、おはじき拾いや金魚すくいなどを取り入れましょう。まだ勝敗を競うゲームにする必要はなく、それぞれのペースで拾ったりすくったりして集めることができれば十分です。

　水の中で遊ぶと短時間でも疲れが出るので、遊んだ後はゆったりと休息する時間を確保しましょう。

行事がこれでよいか不安

運動会や発表会で何をしていいか悩みます。ビデオで過去の演目を見ても、ポンポンをもって衣装をつけて、舞台の上でぼんやりしている子どもの周りで保育者が一生懸命踊っているだけ。意味があるのかな？と思ってしまいます。

🐻 衣装が手作り

衣装に凝る園で、毎年保育者が手作りしています。しかし、保育者の負担が大きいし、子どもは着せ替え人形みたいに扱われ、保育者の自己満足なのではと疑問です。

🐻 やらない子どもが目立つ

上手にできる子どもが大半ですが、ぼんやり立ったままで踊らない子どもや、泣いてしまう子どもが何名かいて目立ちます。

🐻 行事のアイデアが思いつかない

行事の経験が少なくて、運動会や行事のアイデアが出てきません。

先輩からのアドバイス

☑ 2歳児は観客
私の園では、発表会は3歳以上児クラスだけ。2歳児は保護者と一緒に観客です。「来年は自分も舞台に立ちたい」と憧れる気持ちも大事だと思います。

☑ クラス全員でという発想をやめる
2歳児は発達の関係で、子どもの一人ひとりできることが違うので、小グループの発表にしています。まだ園全体での発表会は不向きなので、クラス単位の発表会としています。

☑ 負担を訴えてみる
あるとき「準備がたいへんだ」と誰かが声をあげたら、「私も」「私も」と賛同者が現れ、あっという間に発表会の内容が変わりました。言ってみたら、同じように思っている人が多いかもしれませんよ。

「保護者に喜んでもらう」はNG

保護者受けを第一に考えるのは本末転倒です。まずは、子どもにとって行事がどのような経験になるかを考えましょう。

Point 行事のねらいをもう一度見直す

　多くの園では、「去年もそうしていたから」「急に変えたら保護者に悪いから」と前例踏襲（とうしゅう）でなんとなく行事をしているのかもしれません。
　「子どもの成長を保護者と共有したい」「大勢の前で発表して自信を育みたい」など、行事のねらいにはさまざまあると思いますが、目の前の子どもたちにとって必要な成長の節目となることが大前提です。演目を考える前に行事のねらいを見直すことで、どのような演目がふさわしいのか、自然にアイデアが出てくるでしょう。日ごろの遊びを土台にするのも一つの方法です。

まとめの時期に悩む

次年度からは幼稚園に行く子どももいる中で、生活習慣が身についたか、集団行動の規律を守れたか気になります。1年間を振り返り、自分の保育がこれでよかったのか悩んでしまいました。

🐻 できていないことが気になる

2歳児になると幼児クラスに進級することを意識して、まだこんなことが苦手、こんな遊びをしていないなど、さまざまなことが気になります。

🐻 成長を、もっと喜んでほしい

できないことを挙げてあせっている保護者がいます。もっと成長を喜んだらいいのにと思うのですが、どのように伝えればいいかわかりません。

🐻 隣のクラスの子どもが気になる

隣のクラスの子どもが気になります。うちのクラスより落ち着いていて、何でも自分でできる子どもが多い気がします。

先輩からのアドバイス

☑ 個人面談を設ける
幼児クラスへの進級は保護者にとっても不安や心配の種なので、個人面談の場を設けて安心できるようにします。すでにクラス担任が決まった場合は、顔合わせもします。

☑ クラスの個性と捉える
担当のクラスは落ち着きがないのではなく、好奇心旺盛で活発な子どもが多いのでは？ 保育者に個性があるように、クラスにも個性があり、比較する必要はないと思います。

☑ できることに目を向ける
はさみが使えないとか、箸をうまく使えないなどは保育の本質ではありません。その子どもがどんな挑戦をして、どんなことができるようになったのかを考えて、伸ばしていきます。

「他園や他クラスと比較する」はNG

他園や他クラスと比べたり、保護者はどう受け止めているかという観点で振り返るのはやめましょう。あくまでも、子ども一人ひとりの成長をもとに保育を振り返ります。

Point 年間計画をもとに、振り返る

　反省は次の実践につなげるために行います。基準にすべきは、4月に立てたクラスの年間計画です。そのときに、子どもにどんな姿になってほしいか、どんな経験をしてほしいかを考え、目標としてきたはずです。その目標に照らし合わせて、「ここは十分に達成できた」「ここは不十分だった」などと振り返ってください。

　どんなにベテラン保育者でも、全部うまくいった年などありません。振り返って反省し、実践につなげることが、今より一歩進んだ保育を可能にするのです。

2歳児クラスの季節の製作遊び

少しずつできることも増え、描いたり作ったりすることが楽しい時期です。保育者が「こういう風に描いて」「これを作って」と指示するのではなく、子どもが自分の感性で製作を楽しむことができるように、援助しましょう。

材料・道具の準備

● **材料は使いやすいサイズを準備しておく**
折り紙・紙テープなどは使いやすいサイズに切り分けておきます。
シールやテープは、一人分ずつ分けておきましょう。

● **のりは液体のりで**
のりはスティックタイプより、でんぷんのりや液体のりのほうが、2歳児には扱いやすいでしょう。手ふき用のぬれタオルを用意し、のりを使ったらこまめにふくように子どもに伝えると、製作がスムーズに進みます。

● **絵の具を使うときは、プラスチック容器に**
パレットで絵の具を溶くのはまだ難しいので、保育者がプラスチック容器に一色ずつ出しておきます。最初は少量にしておき、必要になれば後から足します。色ごとに綿棒やスポンジ、スタンプなどを用意し、色が交じり合わないように工夫します。

季節の製作アイデア

春 ぐるぐる描画で春の空

用意するもの： 空色の画用紙（大きめの正方形に切ったものを人数分）、柔らかいクレヨン

青・水色・紺色の色画用紙に、子どもが自由に描画をします。2歳児クラスに進級した誇らしい気持ち、ちょっと緊張した気持ちを空に放っていくイメージで。クレヨンは、色紙に映えやすい柔らかいものを使います。保育者は子どもたちが描いた色画用紙をつなげて、クラスで一つの空を作ります。

夏 花紙で夏の花

用意するもの： さまざまな夏の花の形に切った色画用紙、のり、4分の1サイズに切った花紙（色数をたくさん）、ぬれふきん

花紙をぐしゃぐしゃに丸めて、花の形の色画用紙に貼ります。みんなで一つの花を作るより、さまざまな花をカラフルに作ったほうが、子どもの主体性や創意工夫を育めます。ひまわり、あさがお、アジサイ、カンナなど、身近な夏の花を意識するきっかけにもなります。のりに抵抗がある子どもには、両面テープでも代用できます。

秋 自然の恵みで動物づくり

用意するもの：落ち葉、木の実、厚紙に色画用紙を張ったもの（重みのある実を貼りつけられる厚さ）、のり、木工用接着剤またはグルーガン（木の実を貼りつけるときに使用。必ず保育者が使う）、クレヨン、ぬれふきん

散歩で拾ってきた落ち葉を画用紙に貼りつけ、キツネやミノムシ、ネコや蛇などさまざまな生き物を作ります。製作の前に、葉っぱや木の実を並べて「何に見える？」と子ども達に質問し、イメージを膨らませておきましょう。

冬 綿と不織布の袋でマイ雪だるま

用意するもの：不織布の袋（白）、ぬいぐるみ用の綿、サインペン、ボタン、接着剤（保育者が使用）、リボンや鈴

ぬいぐるみ用の綿を白い不織布の袋いっぱいに詰め、真ん中で縛って雪だるまを作ります。首元にリボンや鈴をつけると、自分だけのスノーマンぬいぐるみができあがります。サインペンで顔を描いたり、ボタンなどを接着剤でつけたりしてもよいでしょう。抱き上げる大きさがあれば、ごっこ遊びの相手にもなります。

第 6 章

保護者との連携

言いづらいことの伝え方が難しい

園からのおたよりや掲示物を全く見ない保護者がいます。今月の予定や持ち物などについて、きちんとおたよりに書きますが、「そんなの書いてあった？」と答えるＡちゃんのお母さん。忘れ物も多くて子どもも困っているので、読んでほしいのですが……。

🐻 生活リズムを改善してほしい

午前中はいつも眠そうで、動きがゆっくりな子どもがいます。家族が夜型の生活をしている様子ですが、子どものために生活リズムを整えてほしいです。

🐻 何でも保育園に求めてくる

離乳食やトイレトレーニングについて話をすると、「それは保育園でやってくれるんでしょ」と答える保護者がいます。家庭との連携が大切なことを、うまく伝えられません。

🐻 育児書通りにはいかない

Ｂちゃんのお母さんはようやく２歳になったのに、あれもできない、これもできないと育児書に書いてあったことをもち出して悩んでいます。気にしすぎだと思うのですが、どのように説明すればよいのやら……。

先輩からのアドバイス

☑ 読みたくなるおたよりを工夫
子どもの楽しいエピソードを書いたり、イラストや写真を効果的に使うなどの工夫をすると、保護者も興味をもって読んでくれます。また、おたよりを渡すときに「〜の持ち物について書いてありますのでお読みください」とひと言添えるようにしています。

☑ 子どもの姿を中心に
生活リズムについて改善してほしい場合は、「Hちゃん、いつも午前中眠そうで、楽しい活動にも参加できないようなのですが……」と子どもの姿を伝えます。保護者が自分で「夜が遅いからかな……」と気がついたら成功です。

☑ 要望だけでなく、理由を説明
何でも保育園にお任せの保護者には、家庭の協力が欠かせないことを伝えます。離乳食やトイレトレーニングを園だけで行っても、週末などに家庭でも取り組んでもらえないと、また一からやり直しになると、その理由を含めて丁寧に伝えます。

☑ できることをピックアップ
子どもの発達を心配する保護者には、Bちゃんができること、成長したところを積極的に伝えるようにします。一緒に成長を喜ぶことで、保護者も安心します。

Point 「一緒に取り組む」という姿勢で伝える

　保護者に伝えたいことがあるときは、こちらから「〜してください」と投げかけるのではなく、「一緒に取り組む」という姿勢を心がけましょう。多忙やうっかりが原因で忘れ物が多い場合は、冷蔵庫に貼れるような大きめの紙に日付と持ち物を書いて渡してみてはどうでしょうか。お願いだけでなく、なぜそれが必要かの理由を伝えるのも有効です。
　保護者が改善してくれたら必ず協力への感謝を述べ、子どもの園生活のためには家庭の協力が欠かせないのだという雰囲気を日ごろからつくっていきましょう。

外国籍の保護者とコミュニケーションがとれない

外国籍の保護者がいます。話したり聞いたりすることに問題はないようですが、文章の読み書きは難しいようで、持ち物などの細かい連絡事項が伝わっていないことがあります。

ある!! ある!!

🐻 保育の常識が違う

中国では2歳までにおむつを外すのが常識らしく、まだ時期ではないのに、トイレトレーニングを始めたいと言われて戸惑いました。

🐻 相談相手がいなくて不安そう

周りが日本人の保護者ばかりでうまく話しかけられず、保育者以外に子どものことを相談できる人がいないようです。

🐻 園の方針を理解してもらえない

園と保護者の連携の必要性や、保護者が役員をやる意味などがわからないようです。お金を払っているから、子どものことはすべてお任せというスタンスで困ります。

先輩からのアドバイス

☑ 丁寧に説明する

「日本では……」ではなく、「○○ちゃんは、今この段階なので」と、トイレトレーニングは個々の発達に合わせて進めることを説明すると、丁寧に見てくれると納得されました。

☑ 仲よしをきっかけに

仲のよい子ども同士の姿を見せて、外国籍の保護者と日本人の保護者両方に、「AちゃんとBくんは、今とても仲よしで」と話します。子ども同士の仲がよいと、保護者も仲よくなりやすいようです。

☑ メリットを伝える

「役員をやることで、こういうよい点がある」「保護者と園が連携することで、子どもの成長にこんな影響を与えられる」など、それぞれの長所を伝えるようにしています。合理性が優先される文化の保護者は、説明を聞いて納得したら、とても協力的になってくれました。

「日本のやり方なので」はNG❌

それぞれの国の慣習を尊重し、知って理解するところから始めます。すべて相手に合わせるわけではなく、日本の慣習も伝えながら相互理解を深めます。

Point 　理解を求めるだけでなく、理解する努力を

　園側の要望を相手に理解してもらうための最低限の配慮として、おたよりは漢字にふりがなをふる、持ち物はイラストや写真を添付することでわかりやすくする工夫が必要です。重要書類は母国語に翻訳して渡しましょう。自治体によっては、翻訳や通訳を手配するところもあります。

　また、相手の文化を理解する努力も不可欠です。挨拶は相手の母国語を使ったり、「日本では、こういうときにはこうするのが慣習ですが、○○ちゃんの国ではどうですか」とたずねると喜ばれるでしょう。

これって、虐待かもしれない

いつも汚れた服で、においもきつい子どもがいます。先日は、おむつの中に便がこびりついたまま登園しました。子どもが虐待されて亡くなるという悲しい事件も後を絶たないので、何か対応しなければならないのではと悩んでいます。

🐻 ネグレクトかも
子どもがたくさん話しかけても、返事もしない保護者がいます。ネグレクトかもしれません……。

🐻 子どもに威圧的な保護者
登園時や降園時、子どもに怒ってばかりの保護者。いつも怒っているので、子どもが保護者と離れた後も萎縮しています。怒りすぎでにないのかと感じます。

🐻 酔っぱらって迎えに来る保護者
まだ夕方なのに、明らかに酔っぱらって千鳥足で迎えに来る保護者がいます。子どもはおとなしい性格ですが、びくびくしているようにも見えます。

先輩からのアドバイス

☑ 上司に相談
園長や主任に状況を報告して、一緒に対策を考えます。上司が必要と判断すれば、専門機関とも連携します。

☑ 「何かあったのですか？」と尋ねる
洋服の汚れやおむつの放置が一時的なものであれば、「ご家庭で何かありましたか？ ○○くんの様子がいつもと違うので心配で……」と尋ねてみます。

☑ 子どものよい面を、たくさん伝える
怒ってばかりの保護者には、子どものよい面、楽しい姿を積極的に伝えます。特に第一子の保護者の場合、できないことばかりが目についてイライラするのかもしれません。

☑ 情報収集して専門機関へ
さりげない会話の中で、1日どれくらいお酒を飲むのか、困っていることはないかなどの情報を聞き出します。深刻な事態であれば、専門機関への相談を検討します。

> **Point　まずは記録と相談**
>
> 　保育所は虐待防止の最前線の一つとして、子どもの命を守るという責任を果たす使命があります。虐待が疑われたら、まずはクラス主任や園長に相談し、「いつ、どこで、誰が、何を」発見したのか記録をとります。その後、虐待防止マニュアル(注)や自治体作成のチェックリストなどを参考に複数の職員によって客観的評価を行い、園長の判断で専門機関と連携をとります。
>
> 　同時に、子どもが園生活を安心して楽しく過ごし、そして保護者の心のサポートができるように、相談しやすい環境づくりを積み重ねましょう。

(注)奥山眞紀子・浅井春夫編『新版 保育者・教師のための子ども虐待防止マニュアル』ひとなる書房、2008年

保護者対応の基本

● 自分から挨拶

朝や夕方、保育室の中から姿が見えたら出迎える準備をし、こちらから「おはようございます」「おかえりなさい」と笑顔で挨拶をします。

● 目を見て、丁寧な言葉遣いで

保護者が自分より明らかに年下でも敬語を使うのが基本です。自分より年上だからといって過剰に謙遜するのも不自然です。基本は相手の目を見て、丁寧な受け答えを心がけることです。

● 保護者の様子にも注目

子どもの健康観察をするのはもちろんですが、保護者の様子にもそれとなく気を配って。疲れている様子、体調が悪い様子が見られたら「お疲れではないですか」とひと言声をかけます。

● 子どもの姿を具体的に

保護者に信頼される一番の近道は、園での子どもの様子を丁寧に伝えることです。それによって保護者は、自分の子どもが大切にされている、よく見てくれていると安心します。

　保育は保育者だけではできません。保護者が園の保育を理解し協力してくれるからこそ、よりよい保育が可能になるのです。保育者には保護者の子育てを理解し、支援する役割もあります。子育てのパートナーとして理解し合いながら、保育をしていきましょう。

　保護者から園の方針に不満があるなどの訴えがあった場合、まずは受け止めます。そのうえで「園長や主任に確認してお返事します」と返事を保留します。結果として意向に沿えなかった場合でも、自分の訴えを聴いてくれたと感じることで保護者も納得してくれることが多いものです。

第 7 章

職場で

事務仕事が多くて終わらない

事務仕事が多くて、勤務時間内では終わりません。書く時間が限られているので、結局子どもが帰った後に残ってやっています。

🐻 空き時間を活用できない
子どものいない所で事務仕事をする時間をつくりたいのですが、つい子どもの様子が気になってしまい、メリハリがつけられません。

🐻 担当している事務仕事が多い
少ない保育者で担当を回しているので、役割分担をしても、必然的に担当する事務仕事が増えます。常に何か書類を書いているような状態なので大変です。

🐻 一つの仕事に時間がかかりすぎる

慣れない事務仕事に苦戦して、一つの事務仕事にかかる時間が先輩よりも長くなります。

先輩からのアドバイス

☑ タイムマネジメントが基本
この仕事にはこれだけの時間がかかる、という見通しがないまま仕事をすると、後で自分が困ります。1週間や1か月という期間で、保育以外の仕事をどういうペースで進めるか、自分でマネジメントする必要があります。

☑ 仕事の見える化を
今、誰がどの書類仕事を担当しているか、職員全員がわかるように一覧にして貼り出しています。可視化することで、仕事が重なっている保育者へのフォローもしやすくなります。

☑ 人員不足は常に上訴を
運営する側は、少ない人手で多くの仕事を回すのが理想なので、無理な量の仕事を課すのは当然です。この仕事には、これぐらいの時間と人手が必要と訴えるのは労働者の権利と考えているので、泣き寝入りはしません。

☑ 自分の苦手を知る
私の場合は計算ソフトの使い方を全く知らなかったのが時間がかかる原因だったので、まずは勉強するところから始めました。時間がかかる原因を見つけると、対応策につながるかもしれません。

Point　時間の問題かどうか、考えてみる

　書類仕事の時間がないというのは、全国の保育者共通の悩みです。海外の保育施設では、ノン・コンタクトタイムと呼ばれる、子どもから離れて書類仕事に専念できる時間が確保されています。日本も少しずつ改善されるといいですね。

　本当に時間がないのか、考え直す必要もあります。書類を前に何を書こうか悩むのは時間の無駄です。書くべきことは通常の保育の中で見つけておき、書類の時間では書くことに専念しましょう。ぐっと時間が短縮されるはずです。

厳しい先輩にびくびくする

仲のよい保育者だと物腰が柔らかく、保育も丁寧な先輩保育者が、新人保育者には厳しく注意することがあります。叱(しか)られるのではないかとびくびくしてしまい、話しかけるのも躊躇(ちゅうちょ)します。

🐻 教えてもらえない
私が休みのときに決定したことを教えてもらえず、休み明けに戸惑いました。子どもにかかわることだったので、もっと早く教えてほしかったです。

🐻 仲のよい先輩保育者ばかり頼る
つい話しやすい先輩に相談してしまいます。他の先輩保育者に、もう少し話してほしいと言われました。

🐻 報告の有無の判断が難しい
ある先輩保育者には概要だけ報告すればよかったのですが、違う先輩保育者には詳細を報告しなければなりません。人によって違うので、戸惑います。

先輩からのアドバイス

☑ 自分からたずねる
自分が休みのときの情報は、出勤後すぐに自分から聞くようにしています。教えてもらうのを待っていると、大事な情報がないまま保育をすることになり、危険です。

☑ 仕事と割り切り、公平な関係性を
話しにくい先輩でも仕事上必要がある限り、積極的に話しかけるよう心がけています。話しやすい先輩に甘えてばかりだと、その先輩の負担が増えると思います。

☑ 先輩のやり方に合わせる
どの仕事でも、上司によってホウレンソウの仕方を変えていくことが求められます。自分のやり方ではなく、先輩のやり方に合わせて仕事ができるように努力するべきです。

「怖いから話しかけない」はNG

「あの人は怖いから」「話しにくいから」話しかけないのは、仕事を放棄していることと同じです。仲よくする必要はありませんが、仕事と割り切って大人の対応を心がけます。

Point　厳しさの意図を読み取ろう

　先輩は、厳しく接することで、何かを伝えたかったのでしょう。先輩の思いを読み取れれば、「いつ怒られるかわからない」とびくびくすることもなくなるはずです。

　保育と同じで、どんな人間関係も、表面的な言葉や態度の裏には意図が込められています。その意図を読み取ることができるようになれば、保育者として一歩成長することができるでしょう。自分から笑顔で話しかけることから始めてください。

後輩保育者に指導しても直らない

後輩に指導していますが、「でも……」「だって……」と言い訳ばかりされて反省する様子が見られません。成長してほしくて伝えているのに、このままだと指導している意味がないように思えて、つらいです。

🐻 自分のやり方にこだわる
後輩が手間のかかる方法で作業をしようとしていたので、効率のよい方法を伝えたのですが、自分のやり方を変えません。早く終わらせて、子どもたちを見てほしいです。

🐻 先輩保育者に言い返す
先輩の指導に対して「そこは違うと思います」と最初から否定する後輩に困っています。保育者間の雰囲気が、子どもに影響しないか不安です。

🐻 何でも聞いてくる
少し考えればわかることもすべて聞いてくるので、時間がとられて子どもとかかわる時間が減っています。不安に思うのもわかりますが、もう少し自分で考えて行動してほしいです。

先輩からのアドバイス

☑ 時間の目安を伝える

作業を任せる際は、「○分で〜までやってね」と事前に時間の目安を伝えます。その後輩は効率よりも丁寧さを優先する人なのかもしれませんが、時間の目安があることで効率も考慮するようになります。

☑ こっそりお互いの気持ちを聞く

先輩と後輩の間に挟まれて困惑する場合は、二人別々にこっそり、どうしていつも対立してしまうのか聞いてみます。お互いに思っていても言えないことを、第三者の私には話せることがあります。

☑ 宿題を出して、考える癖を

「それについて、あなたはどう思う？ 明日、考えてきたことを教えて」と宿題にします。聞けばいいやと思われると困るので、早いうちに「考える癖」をつけてもらうようにします。

「『でも』は禁止！」はNG

言い訳を頭ごなしに禁止するだけでは、本人の不満がたまるばかりです。なぜ言い訳をしたくなるのか、後輩の気持ちを考えてみます。

Point 指導の前に、支援する

　まずは、後輩がこちらの指導を素直に受け入れない理由を考えてみましょう。仕事以外の部分で、何か後輩のサポートをしたか、その後輩が何に悩み困っているかを把握して、支援してきたかなどです。

　指導はその場だけで可能になるものではありません。時間をかけて、こちらの助言や指導を受け取る準備を整える必要があります。視点を変えて、後輩を支えるというスタンスでかかわりましょう。

連絡帳の書き方

指しゃぶりの相談の連絡帳記入例

> 指しゃぶりがやめられないとのご心配、よくわかります。この時期の子どもは、自分が安心できる方法を自分なりに見つけています。爪かみやお気に入りのおもちゃを使っている子どもも、クラスに何人かいます。Sちゃんの指しゃぶりも、今のSちゃんに必要なことなのだと私たちは考えています。Sちゃんが自然に指しゃぶりを卒業できるよう、私たちも園でSちゃんが夢中になれることをたくさん用意し、午睡のときは手を握って安心感を得られるようにかかわっていきますね。

● 質問や相談には必ず返事を

質問や相談が書かれていたら必ず返事をしましょう。すぐに答えられない場合は、いつまでに返事をするかを書きます。「大丈夫ですよ」「心配いりません」など、保護者の不安を否定するような言葉は使わないように気をつけましょう。

● 伝えたいことをぐっとしぼって

多くの内容を詰め込むと、伝えたいことが届きにくくなります。一つにしぼって書きましょう。

● 援助を具体的に

「自然にやめますから見守りましょう」などの言葉では、保護者は安心できません。この時期の子どもの育ちを発達を交えて説明するとともに、園としてどのような援助を行うかを具体的に書きます。

連絡帳は保護者にとって子育ての悩みを気軽に相談できる場であり、子どもの成長の大切な記録でもあります。子育てをサポートする気持ちで丁寧に書きましょう。ただし、絵文字やくだけすぎた表現は避けます。保育者と保護者という枠組みを守ることで、信頼関係も確かなものになります。

ときには電話や口頭で

ネガティブな内容が連絡帳に書かれている場合は、お迎えのときなどに直接話したほうがよいでしょう。小さなことでもそのままにしておくと、後々大きな不信につながります。必要に応じて適切な方法でコミュニケーションをとりましょう。

日誌・個人記録の書き方

2歳児クラスの日誌文例

> N子：保育者が配膳する姿を見て「N子が」と手を伸ばしたので食器を机に並べるのを手伝ってもらった。危なっかしい部分はあるが、さり気なく援助し、やりたい気持ちを育み、生活習慣の自立につなげたい。
>
> K介：雨上がりの戸外遊びでは、長靴で水たまりに飛び込むなど、のびのびと遊んでいた。満足したのか、昼食のために部屋に入ろうと声をかけると、すんなりと遊びを切り上げた。戸外だけでなく室内でも存分に遊べるよう環境をつくりたい。
>
> S菜：戸外では泥や水に触れることをいやがり、保育者のそばから離れなかった。無理強いはせず、スコップなどの道具を提案すると少し泥をすくうことができた。感覚が敏感で、新しいものに抵抗を感じるので、安心できる環境でさまざまな感覚を味わえるように援助したい。

● メモをつくる

一人ひとりの行動や生活の様子で重要だと思ったことをメモします。子どもが葛藤を抱えた場面、自分が援助に戸惑った場面などに注目すると成長が捉えられます。

● 環境構成の視点を入れる

環境は子どもに大きな影響を与えます。どのような環境をつくり、その結果子どもの活動にどのような影響を与えたかという視点でも書きましょう。

● 保育所保育指針に沿って

保育所保育指針では、1歳以上3歳未満児の5領域の学びについて、別立てでまとめられています。記載内容を参考にしましょう。また、養護についての内容は第1章総則にあります。養護の側面も必ず日誌に書き込みます。

日誌では、子ども一人ひとりの伸びようとしているところ、課題となっているところを見逃さずに記録します。日々の記録が充実していることが、よりよい指導計画の作成につながります。

日誌の形式は自治体や園によってさまざまですが、例のように、個別の記載欄に、

（1）子どもの姿
（2）保育者の援助やねらい
（3）この姿が5領域あるいは養護の内容のどこに分類されるのかが書かれていると、後で振り返りやすくて便利です。「子どもの姿」と「保育者の援助」は必ずセットで書くことで、次はどのような援助が望ましいかという見通しがつきます。

上司・先輩とのコミュニケーションのコツ

「ちょっと聞きたいことがあるのですが」

新人のうちは、何でも質問する癖を。一度教わったことはメモし、何度も同じことを聞かないで済むようにします。

「私にやらせてください！」

やったことのない仕事には、積極的にチャレンジ。先輩は新人に過度な負担をかけないようセーブしています。自ら意欲をみせることで、先輩も教えやすく、やる気をアピールできます。

「先ほどは、ありがとうございました！」

先輩に手伝ってもらったら、お礼は惜しみなく言いましょう。こんな後輩は、先輩から、進んで助けたいと思われます。

ここがポイント!!

お礼は最低3回。教えてもらったら1回。その日の退勤時に、「今日はありがとうございました」。そして、次の日もう一度「昨日はありがとうございました！」

「こんなことを聞いたらダメな人って思われないかな」「今忙しそうだな……」と気ばかり遣っていると、必要なコミュニケーションがとれなくなります。とにかく「自分から」話しかけましょう。「大丈夫？」「困ってない？」と聞いてもらうのを待つのはNGです。

放任主義の上司には

アイデアを聞いてもらうところから

「好きにやっていいよ」と言われてうれしい反面、どうしたらいいのか戸惑うことも。そんなときは、「こんな風に考えてみました」と、アイデアを出してください。上司は、「言われたことしかできない保育者になってほしくない」という思いからの「好きにやっていいよ」なので、アイデアを出すことは歓迎されるはずです。

第8章
健康・安全

かみつきを防げない

かみつきが、なかなかおさまらないのは、園の環境に原因があるのではないか、ということになりました。しかし、どこをどのように見直せばよいかわかりません。

🐻 かみつきが出る
最近、かみつきが出るようになった子どもがいます。癖になる前に対策をしたいです。

🐻 かみつきが出やすい子どもへの日頃の対応
かみつきが出やすい子どもに、日ごろから気をつけたり、何か支援をしたいと思うのですが、具体的な方法がわからず、いつもかみつきが起きた後に注意するだけになっています。

🐻 保護者への報告はどうする？
かみついた子どもとかみつかれた子どもの保護者への報告を、どのようにすればいいか悩みます。

先輩からのアドバイス

☑ 名前を呼ぶ
かみつきの予防に有効なのは、口を開いた瞬間に「Hくん！」などと名前を呼ぶことです。子どもははっとして動きが止まります。その後、「〜が欲しかったんだね」などと代弁します。

☑ 丁寧に観察し、言葉にする
かみつきが出やすい子どもは丁寧に観察し、気持ちを言葉にします。「貸して」「入れて」など言葉の力がつけば、おもちゃが欲しくてかみつくことはなくなります。

☑ 保護者へは、謝罪と報告
加害者、被害者の保護者ともに、「防ぐことができずに申し訳ありません」と謝罪します。そのうえで、どの場面で、どのような思いでかみつきが起こってしまったかを報告します。その際、子どもの名前は伝えません。

「子どもについて回る」はNG ✗
かみつく子どもについて回って絶えず監視するのは、保育者の負担も大きく、子どももよい気分で過ごせません。環境を見直すことで、かみつきが起こる要因を減らします。

Point 一人遊びを十分に保障する環境を

かみつきは言葉の発達とともに消えることが多いのですが、まだとっさに口や手が出てしまうのが2、3歳児。おもちゃや場所の取り合いが原因でかみつきが頻発するなら、取り合いにならないような環境をつくりましょう。まず、一人ひとりが好きな遊びに没頭できるように、十分な数のおもちゃを用意します。そして、他の子どもに入りこまれることなく遊べるように、仕切りなどで簡単に空間を区切りましょう。小さなマットで、「ここはAちゃんの場所」と視覚的に示すだけでも安心して遊べるようになります。

園で発熱したのに、お迎えが来ない

朝から元気がなかったOちゃん。昼過ぎに検温したら、38℃の熱がありました。保護者に連絡をしましたが、職場から帰るのに2時間近くかかると言われました。お迎えまで、どのように対応したらよいでしょうか。

🐻 37.5℃でお迎え

私の園では37.5℃以上の熱があった場合は、お預かりできないことになっています。保護者にお迎えをお願いしていいのでしょうか。以前連絡した際に、なかなか対応してもらえなかったので、躊躇してしまいます。

🐻 けいれんが起きた

熱が出て保護者に連絡して、待っていたら、けいれんが起きてしまいました。あのときは初めての体験だったのであせってしまい、血の気が引きました。

🐻 下痢がひどい

朝から水様便が絶えず出ていたAちゃん。園での対応を知りたいです。

先輩からのアドバイス

☑ 連絡はするが、引き続き預かる
37.5℃を超え、子どもに元気や食欲がある場合は保護者に連絡しますが、そのまま園で夕方まで様子を見ます。

☑ 冷静に時間を計る
初めて子どものけいれんを目にするとパニックになりますが、子どもにはよくあることなので冷静に対処します。けいれんが起きたら横向きに寝かせ、衣服を緩めます。けいれんの持続時間を計り、5分以上続くようならすぐに救急車を呼びます。その際、口の中にものを入れないように注意します。

☑ 便の様子の記録と、水分補給
ひどい下痢の場合、便の様子を観察し、硬さや色、血が混じっていないかどうかを確認し記録します。脱水状態に陥らないよう、子ども用のイオン飲料などで水分を補給します。記録はお迎えの際に保護者に渡します。

「とりあえず冷えピタ」はNG ✕

熱を下げることが、必ずしもよいわけではありません。発熱は、体内に入った菌やウイルスに対抗するための自衛手段であることを理解しましょう。

Point 1時間おきの検温と水分補給が大切

子どもはよく熱を出しますが、熱だけではどんな病気かはわかりません。熱の他にどんな症状が出ているかを観察し、記録することが大切です。その他には、涼しい部屋で安静にすること、水分を補給すること、放熱しやすいように薄着にすることなどが、園での対処としてあげられます。また、1時間おきに検温しますが、電子式の体温計の場合、正確な体温が出るまで待ちましょう。厚生労働省によるガイドラインでは、発熱の基準は個々の平熱に応じて個別に判断することとされています。37.5℃という数字にとらわれないようにしましょう。

避難訓練に時間がかかる

2歳児クラスになり、避難訓練も子ども自身ですることが多くなりました。でも、上着を着たり靴を履いたり並んだり、すべてに時間がかかってしまいます。いざというときに、これでいいのか心配です。

ある!! ある!!

🐻 イヤイヤ期真っ最中で、訓練ができない

上着を着るのも、遊びを切り上げるのも「イヤ！」で、言うことをきいてくれません。

🐻 園のマニュアルだけで大丈夫？

災害が起きたときのために、園の決まりごとはありますが、想定外のことが起きた場合、その通りにいかないことも多いのではと不安になります。

🐻 自分で身を守る方法も伝えたい

だいぶ言葉も通じるようになってきたので、自分で身を守る方法も伝えたいのですが、何から始めたらいいのかわかりません。

先輩からのアドバイス

☑ 「これは遊びではない」と緊迫感を
避難訓練ではイヤイヤにつき合っている余裕はありません。「遊びではないよ！」と真剣に、毅然とした態度で伝えます。保育者の緊迫感が子どもに伝わり、緊張感のある訓練が可能になります。

☑ マニュアル外を想定
園長の考えで、訓練で必ず一つはマニュアル外のことが盛り込まれています。前回は「園長不在で周囲から孤立、携帯電話は不通」という状況に対応する訓練を行いました。事前に状況を知らされないので、各自が臨機応変な対応を求められます。

☑ ぐらっときたら、ダンゴムシ！
「ぐらっときたら、お部屋の真ん中でダンゴムシになるよ！」という防災教育は、2歳児クラスの最初の一歩として有効だと思います。地震がきたら棚や天井からいろんなものが落ちてくるからと、頭を守る理由も一緒に伝えます。

☑ 上履きで避難
2歳児クラスでは、普段から保育室内でも上履きを履いています。上履きのまま、園庭や屋上に避難する訓練をします。階段を登るときは手すりにつかまること、廊下は走らず一列で歩くことなどは、日ごろの保育の中で身につけるようにしています。

Point　時間がかかってもよいが、いざというときの覚悟は必要

　2歳児クラスでは少しずつ生活も自律して、できることも増えています。けれども、3歳以上児のように、言葉の指示だけでスムーズに動けるわけでも、0、1歳児のようにおんぶやだっこで簡単に移動させられるわけでもありません。実は避難のときに一番難しい事態になることが予測されます。

　そのことを理解したうえで、先輩のアドバイスにあるような訓練や防災教育を積み重ねます。ただし、本当に一刻を争う事態になったら自分たちが抱えて逃げるぞ、という覚悟はしておいたほうがよいでしょう。

2歳児クラスの災害対策

● **備蓄品**

- ☐ 水
- ☐ 非常食（アレルギー対応のものを含む）
- ☐ 幼児用おやつ
  （アレルギー対応のものを含む）
- ☐ スプーン
- ☐ マグ・コップ・皿などの食器
- ☐ 紙おむつ・おしりふき
- ☐ 簡易トイレ
- ☐ 着替え（下着も含む）
- ☐ 防寒着
- ☐ タオル、ガーゼ
- ☐ おもちゃ、絵本
- ☐ 毛布
- ☐ ペーパー類、ビニール袋、
  ラップなどの消耗品

※それぞれ、2～3日分を目安に準備する。

● **持ち出し品**

- ☐ 非常用飲料水
- ☐ 笛
- ☐ ミニライト
- ☐ 携帯トイレ
- ☐ 軍手
- ☐ ウェットティッシュ、ティッシュペーパー
- ☐ タオル、バンダナ
- ☐ 園の連絡先カード
- ☐ 非常食（乾パン、氷砂糖など）
- ☐ 紙おむつ
  （ぬれないよう圧縮袋等に入れて密封）
- ☐ 大型のポリ袋
  （防寒や雨除け、担架の代用としても使える）
- ☐ ビニール袋
- ☐ アーミーナイフ
- ☐ 防災用ブランケット
- ☐ クラス名簿・緊急連絡先・引き渡しカード
- ☐ 携帯電話
- ☐ 携帯ラジオ
- ☐ 応急手当用品

　備蓄品はライフラインが断たれ、避難生活になったときに備えて園に備蓄しておく物品です。ここでは、2歳児クラスで特に必要なものだけを取り上げました。持ち出し品は職員室ではなく保育室に常備し、緊急避難時に持ち出す物品です。防災ベストに一式を備えておきます。

　排泄が自立している子どもでも、大きなストレスを受けると退行現象や夜尿が起きることがあります。念のため簡易トイレだけでなく、紙おむつも用意しておきます。

　園には、必ず防災マニュアルが備えてあるはずです。日ごろから目を通し、保育者一人ひとりがあらゆる場面を想定して動けるよう、意識を高めておきましょう。

2歳児クラスの防災教育

　言葉によるコミュニケーションが少しずつ上達してくる2、3歳児ですが、言葉だけで見たことも聞いたこともない状況をイメージするのは困難です。言葉による認知の特徴を理解したうえで、2歳児クラスでも取り組みやすい防災教育を工夫しましょう。

● 2、3歳児でも災害のイメージをもつことは大切

　2、3歳でもある程度の物事の見通しをつける力はもっています。全く何も知らないで突然災害に襲われるよりも、「こういうことが起きるかもしれない」と、ぼんやりイメージしておくことは、いざ災害が起きた際の心の落ち着きにつながります。防災教育がうまくいく、いかないという観点ではなく、子どもに防災について知らせるという気持ちで取り組んでください。

● ぐらっときたら、ダンゴムシ！

　地震がきたら天井や棚からものが落ちてくるかもしれない、立っていたら転んでしまうかもしれないことを伝え、自分を守るためにダンゴムシになることを伝えます。ダンゴムシのポーズは、頭を守るだけでなく、その場で身を低くすることで子どもがパニックになって保育者を探したり駆けだしたりすることを防ぐ目的もあります。

● リズムに乗って

　リズムのよい音楽を流したり歌を歌ったりして、「ダンゴムシ！」と保育者が声をかけたら皆でダンゴムシになる活動をしましょう。保育者の言葉をよく聞き、とっさに適切な行動をとることにもつながります。

かみつきが起きたときの対応

● ケガがないか確認

「痛かったね」「びっくりしたね」など、かまれてしまった子どもの気持ちに共感しつつ、ケガがないかを確認します。傷口がある場合は、唾液が残らないように流水でしっかり洗い流し、赤みや青みが残る場合は、濡れタオルや冷却材で冷やします。冷やしすぎには注意しましょう。

● 言葉の力を育てる援助とセットで

自我が大きく育つ時期なので、「自分はこうしたい」などのさまざまな要求が出てきます。しかし、その思いを言葉で伝える力はまだ十分に発達していません。かみつき・ひっかきは、言葉にならない思いが行動に現れてしまった結果です。かみついた子どもをただ叱る、監視するだけではかみつきはおさまらないことを理解し、言葉の力を育てる援助とかみつきの予防策を、セットで実践しましょう。

● その場で伝える

かみついた子どもにはその場で、「いけないよ！」などと真剣に伝えます。そのうえで「〜をやりたかったんだよね」と、かんでしまった子どもの気持ちを、落ち着いた口調で代弁します。「でもね、Aちゃん、痛かったって……」とかまれてしまった子どもの様子に目を向けさせてから、「欲しいときは、ちょうだいって言おうね」などと、かみつく以外で思いを表現する方法を根気強く伝えます。

● 園内研修でかみつきの原因を分析

かみつきが頻発するようなら、起こる状況、時間帯、子どもの様子などを記録し、それをもとに原因を分析します。原因としてよくあげられるのは、「もの・場所の取り合い」、「取られないための防御」ですが、夕方に頻発する場合は、「眠い」・「疲れた」なども考えられます。また、季節によっては戸外遊びが十分にできず、運動不足が原因のこともありますし、入園や進級、引越しや下の子が生まれたなどの環境の変化がストレスを与えて起きる場合もあります。かみつきが起きるクラスの保育者だけでなく、園全体で原因を分析し、子どもを支えていく手立てを講じましょう。

かみつきを防ぐために

● **解決策ではなく、予防策を考える**
原因を分析したら、かみつきを予防するための対策を立てましょう。ただし、あくまでも予防であり解決策ではありません。かみつきを解決するためには、子ども自身の中に言葉が育つことが求められます。そのためには、かむことで伝えようとする子どもの気持ちを、保育者が言葉にして返すことの積み重ねが大切です。

● **ものの取り合いが原因の場合**
一人で集中して遊べるコーナーをつくります。ままごとやブロックなど人気のある遊びは、同じ遊びで２つ、３つコーナーをつくってもよいでしょう。また、おもちゃは同じ種類のものを充分な数、準備します。ままごとの場合、食べ物や食器は数があっても、包丁やまな板などが少ない場合が多いので、道具も多めに用意しましょう。友達と一緒に遊んでほしいと思うかもしれませんが、発達の進み方はそれぞれです。今はじっくり、安心して遊ぶ経験がこの子には必要なのだと発想を変えましょう。

● **時間帯や場所が決まっている場合**
疲れや眠さなどストレス要因を感じる前に、休む時間をとります。登園直後が多い場合は、保育者が１対１でかかわり、情緒の安定をはかります。トイレや手洗い場で頻発する場合は、順番を待たせないように最初に連れていくなどの方法が有効です。子どもにとって、時間や場所の中で何が負担になっているかを考えましょう。

● **起きやすい状況がわかっている場合**
おおよそ行動の予測ができる場合は、かみつく前に介入します。「Ｓちゃん！」と名前を呼んだり、「これが欲しかったね」などと気持ちを言葉にすることで、かみつかずに思いをおさめることができるようになります。

● **環境の変化が原因の場合**
下の子が生まれた、進級・入園したなどの環境の変化が原因と考えられる場合は、いつも以上にスキンシップを取り、丁寧にかかわります。家庭とも連携し、甘える行動をできるだけ受け入れるなど共通理解をはかります。保護者はわが子がかみつくと知るとショックを受けますが、かみつきは発達のプロセスで起こることを丁寧に伝えましょう。

2歳児クラスを担当してよかった！

あんなこと こんなこと

大変なこともあるけれど、ステキなことがいっぱい！
先輩たちが２歳児保育の魅力を語ってくれました。

より一人ひとりに、より丁寧に、より長時間、子どもと過ごすことができて、クラス全体が一つの家族のような雰囲気で保育できることがとてもおもしろいです。

子どもと通じ合えた！と思える瞬間もたくさんあって、第二のお母さんのような存在になれることがうれしいです。

子どもたちのおもしろい、かわいらしい発想に日々触れられることと、成長を感じて嬉しくなれることです。

名前で呼んでくれるようになったときや、今までできなかったことが少しずつできるようになったときなど、小さな成長に毎日気づかされます。

名前を覚えてもらって、呼んでもらえたときは一番嬉しかったです。身の回りのことが徐々にできるようになり、たくさんお話するようになると成長を感じます。

できなかったことができるようになったり、小さな成長を親と一緒に感じ、喜べることがうれしいです。

1か月ごとに写真等を振り返ると成長が見てわかること。普段は忙しくてあまりわからないですが、ふとしたときにふり返ると、子どもたちの成長がうれしくなります。

身近でより成長を感じられること。その成長を保護者へ伝え、喜ぶ保護者を見てもやりがいを感じます。

子どもの成長が目に見えてわかり、基本的生活習慣の自立への援助なども、子ども一人ひとりに対応することで新しい発見があり、見守る喜びがあります。

この時期の子どもたちは成長が著しく、あっという間に大きくなるので、その成長を見守ることに喜びに感じます。

毎日、少しずつですが、言葉や自分でできることが子どもに増えてきて、それを近くで見ることができる、成長を見守ることができることに喜びを感じます。

● 監修者 ●
横山洋子（よこやま・ようこ）
千葉経済大学短期大学部こども学科教授
富山大学大学院教育学研究科・学校教育専攻修了。国立大学附属幼稚園の教諭、公立小学校の教諭を経て、2003年より現職。日本保育学会会員。著書に『根拠がわかる！ 私の保育 総点検』（中央法規出版）、『月齢別赤ちゃんのよろこぶあそび110』（チャイルド本社）、『0・1・2歳児のたのしい手作りおもちゃ』（共著、チャイルド本社）、『記入に役立つ！ 2歳児の指導計画』（編著、ナツメ社）などがある。

● 著者 ●
波多野名奈（はたの・なな）
千葉経済大学短期大学部こども学科准教授
東京大学大学院教育学研究科博士課程単位取得退学。教育学修士・保育士。都内乳幼児保育施設にて勤務の後、2014年より現職。著書に、『コンパス乳児保育』（共著、建帛社）、『0〜6歳児 よくわかる子どもの発達と保育の本』（共著、池田書店）などがある。

● 協力 ●
高階保育園（埼玉県）、ふたば保育園（千葉県）、猫実保育園（千葉県）、南船橋保育園（千葉県）、姉崎認定こども園（千葉県）、安平保育所（兵庫県）
秋本志保美、一ノ瀬真未、石﨑菜緒、石山浩生、伊藤ほのか、井上菜々子、岸野愛梨、鈴木美桜、須藤理紗子、竹村美優、牧野早希子

先輩に学ぶ　乳児保育の困りごと解決ＢＯＯＫ　２歳児クラス編

2019年4月20日　発行
2021年9月1日　初版第2刷発行

監　修	横山　洋子
著　者	波多野名奈
発行者	荘村　明彦
発行所	中央法規出版株式会社
	〒110-0016　東京都台東区台東3-29-1　中央法規ビル
	営　業　　　　Tel 03(3834)5817　Fax 03(3837)8037
	取次・書店担当　Tel 03(3834)5815　Fax 03(3837)8035
	https://www.chuohoki.co.jp/
企画・編集	株式会社エディポック
印刷・製本	株式会社ルナテック
デザイン	松崎知子
イラスト	さややん。　三浦 晃子　みや れいこ　やまざき かおり

定価はカバーに表示してあります。
ISBN978-4-8058-5860-8

本文のコピー、スキャン、デジタル化等の無断複製は、著作権法上での例外を除き禁じられています。また、本書を代行業者等の第三者に依頼してコピー、スキャン、デジタル化することは、たとえ個人や家庭内での利用であっても著作権法違反です。
落丁本・乱丁本はお取替えいたします。

本書の内容に関するご質問については、下記URLから「お問い合わせフォーム」にご入力いただきますようお願いいたします。
https://www.chuohoki.co.jp/contact/